KB205962

HI'MA Volume 3

멜란히톤,
깔뱅 그리고 위그노

"멜란히톤, 깔뱅 그리고 위그노"는 제3회 프랑스 위그노 연구소 정례회
(주제:"교회의 참된 연합" Vera Unitas Ecclesiae)에서
류성민 교수가 2020년 8월 20일에 발표한 글이다.

프랑스 위그노 연구소 연감
Huguenot Institute & Museum Annual
Volume 3 June 2021

멜란히톤,
깔뱅 그리고 위그노

초판 1쇄 2021년 6월 25일

발 행 인 조병수
지 은 이 류성민
디 자 인 김민정
펴 낸 곳 도서출판 가르침
주   소 경기도 용인시 수지구 성복1로 157, 106동 502호(16854)
홈페이지 http://huguenot.kr/
인 쇄 처 예원프린팅 (031)902-6550

ISBN 979-11-968579-3-6 93230
값 7,000원

멜란히톤,
깔뱅 그리고 위그노

Melanchthon, Calvin and Huguenots

류성민

가르침

IV. 전쟁 이후

1ff 프랑스 위그노 연구소 연감
Huguenot Institute & Museum Annual

Volume 3
June 2021

멜란히톤, 깔뱅 그리고 위그노

류성민 | 아세아연합신학대학교 교수

I. 서론

이 책에서는 종교개혁 초기 중심지인 비텐베르크
(Wittenberg)의 대표적 개혁자 멜란히톤(Philipp Melan-
chthon, 1497-1560)과 프랑스 개신교 피난민 중 대표적 개
혁자 깔뱅(Jean Calvin, 1509-1564)의 서신 교환을 살펴보려
고 한다. 두 개혁자들은 29차례의 서신 교환을 가졌다.[1]

---

1   Timothy J. Wengert. "'We Will Feast Together in Heaven Forever':
The Epistolary Friendship of John Calvin and Philip Melanchthon",
in Karin Maag (ed.), *Melanchthon in Europe: His Work and Influ-
ence Beyond Wittenberg,* Grand Rapids: Baker Academic, 1999, 20.

당시의 서신 교환은 둘 사이의 개인적인 의사소통을 넘어 공개적이며 공식적인 신학적 정치적 입장선언과 토론과 논쟁과 협의의 수단이었다. 그러므로 서신교환의 의미를 정확하기 파악하기 위해서는 당시의 역사적, 신학적 배경을 파악하는 것이 필요하다. 멜란히톤과 깔뱅의 서신 교환은 1540년대에서 1550년대의 정치적 종교적 상황과 매우 긴밀한 연관이 있기 때문에, 서신의 내용에 더하여 당시의 정황을 가급적 간략하게 소개하려고 한다. 이런 방식의 설명을 통해 종교개혁의 인물들과 신학이 어떤 현실적 배경에서 연결되고, 발전하고 있었는지, 그리고 당시 역사적 신학적 정황에서 어떤 의미를 가지고, 서로 이해되는지를 살펴볼 것이다. 또한 이런 방식으로 그들의 서신 교환을 통해 비텐베르크와 제네바의 신학적 연결고리를 살펴보고, 이와 관련된 위그노와의 연결고리 역시 보여줄 수 있을 것이다.

멜란히톤은 독일 브레텐(Bretten) 출신으로 하이델베르크(Heidelberg)와 튀빙엔(Tübingen) 대학에서 공부하고 철학석사 학위(M.A.)를 취득하였다. 그리고 1518년 비텐베르크의 헬라어 교수로 임용된다. 이후 그는 독일의 대표적인 인문학자이자 교육 개혁자요, 종교개혁 1세대의 대표적 신학자로 활동하였다.

깔뱅은 프랑스 누와용(Noyon) 출신으로 법학을 공부하다가, 개혁자의 길로 돌이켰던 인물이다. 그는 종교개혁 2세대의 대표적 인물로, 독일의 개혁자들의 책을 통해 종교개혁 신학을 배웠다. 그 과정에서 루터(Martin Luther, 1483-1546)와 멜란히톤의 영향은 절대적이었다. 깔뱅은 개혁신앙과 관련된 일련의 사건으로 프랑스를 떠나 난민이 되었다. 그리고 제네바에 정착하여 활동하였고, 개혁파 신학의 대표 신학자로 인정받았다. 특히 프랑스 개신교회를 위해 목사와 선교사를 교육하여 파송하는 큰 역할을 감당했고 위그노를 위해 다방면으로 노력을 기울였다.

위그노(Huguenot)는 프랑스의 개신교를 가리키는 표현이다. 프랑스 개신교는 여러 이유로 우리에게 잘 알려져 있지 않다. 종교개혁의 시작이 독일이었고, 프랑스는 그 영향을 종교개혁 초기부터 받았지만, 중앙집권적 왕권국가에서 가톨릭에 치우친 정권의 강력한 저지로 종교개혁은 상당한 곤란을 겪어야만 했다. 엄청난 고난과 핍박 속에서도 많은 프랑스 개신교인들은 성경에 따른 참 신앙을 지키고, 바른 교회를 세워나가려고 노력하였다. 그런 이유에서 한편으로 프랑스 내에서 그들의 세력은 작을 수밖에 없었다. 다른 한편으로 지속된 핍박 속에서 많은 프랑스 개신교인들은 신앙의 자유를 찾아 결국 본토를 떠나야 했다. 깔뱅이 그들 중 한 명이다. 그러나 그렇게 떠나 새로 정착한 곳에서도 그들이 원하는 신앙생활은 쉽게 이루어지지 못했다. 프랑스 개신교인들은 대부분 개혁파(Reformed)였던 반면, 그들이 피난한 주요 장소 중 루터파(Lutheran) 지역이 많았기 때문이다. 그들은 신앙으로 인해 조국 프랑스에서 핍박을 받았고, 떠난 피난지에서도 상당한 곤란을 겪게 되었다. 이렇게 위그노는 이 세상에서 참된 신앙을 따르고자 고난의 삶을 감당한 위대한 성도의 삶을 살았다. 우리는 그 증거를 멜란히톤과 깔뱅의 서신 교환 중에서 찾게 될 것이다. 피난지에서 위그노들이 어떤 일을 겪게 되었는가에 대한 당시 상황과 위그노의 신앙에 대한 현실적 예를 볼 것이다.

멜란히톤과 깔뱅의 교환서신은 총 29개이다. 이 책에서는 서신들을 시기별로 첫째, 첫 만남, 둘째, 하나를 위한 노력, 셋째, 전쟁 이후, 넷째, 종교평화와 위그노라는 제목으로 나누어 살펴볼 것이다. 멜란히톤과 깔뱅을 통해 종교개혁이 한 국가나 한 도시에 제한된 국지적 현상이 아니라, 유럽의 전체적 사건이며 당대의 정치적 영향뿐만 아니라 신학적 사조의 영향과도 긴밀한 연관을 가진 사건임이 분명해질 것이다. 또한 두 인물의 관계를 분명하게 함으로써 종교개혁의 핵심 주제와 관심, 통일성이 드러날 것이다. 마지막으로 프랑스 개신교인들, 위그

노가 종교개혁의 뿌리인 비텐베르크와 어떤 정치적 신학
적 관계를 가지는가를 어느 정도 볼 수 있기를 기대한다.

II. 첫 만남 (교환서신 Nr. 1 – 4)

1. 배경

멜란히톤과 깔뱅의 첫 만남은 16세기 중반 유럽의 거대한 역사적 정치적 신학적 사건들을 배경으로 하고 있다. 1520년대 종교개혁을 요구하는 목소리가 정치적 세력이 되어, 로마 가톨릭을 대변하는 독일 제국황제와 제후들과 대립하게 되었고, 그 결과 개신교 진영과 가톨릭 진영 사이에 전쟁은 불가피한 것처럼 보였다. 그러나 제국 내부의 분열은 외부의 위기로 인해 잠시 동안 휴지기를 가질 수밖에 없었다.

1532년 오스만투르크의 군대가 술탄 술레이만 1세의 지도 아래, 제국의 경계, 오스트리아를 공격하기에 이르렀다. 황제는 이 전쟁을 위해 개신교 제후들의 도움이 필요했다. 그래서 그는 1532년 뉘른베르크 휴전(Nürnberger Anstand)을 통해 개신교 제후들의 입장을 어느 정도 용인할 수밖에 없었다. 그리고 이는 1539년 4월 프랑크푸르트 휴전(Frankfurter Anstand)으로 확장되었다. 이 협정이 이루어지는 제국회의에 개신교 동맹인 슈말칼덴 동맹(der Schmalkaldische Bund)의 대표적 지도자, 작센의 선제후 요한 프리드리히(Kurfürst Johann Friedrich von Sachsen, 1503-1554)는 멜란히톤을 동행시킨다. 이 회의에는 고지 독일 도시들의 대표로 스트라스부르크(Straß-burg)에서 참석한 한 무리가 있었다. 부쩌(Martin Bucer, 1491-1551)는 그들의 대표 중 한 명이었고, 제네바에서 추방당한 후, 스트라스부르크의 프랑스 난민 공동체의 설교자였던 깔뱅을 함께 참석시켰다. 깔뱅은 이곳에서 멜란히톤을 처음으로 만났고, 성찬일치와 교회 치리, 교회 재산 사용에 대한 이야기를 서로 나누었다.[2]

2. 교환서신 Nr. 1, 1538년 10월 깔뱅이 멜란히톤에게

1539년 프랑크푸르트의 이 만남이 멜란히톤과 깔뱅의 첫 번째 접촉은 아니었다. 제네바 추방 이후 스트라스부르크에 머물고 있던 깔뱅은 1538년 10월 부쩌를 통하여, 멜란히톤에게 12개 조항을 담은 편지를 보내어 멜란히톤과 루터의 동의를 받기 희망하였다. 그러나 이 편지는 분실되었고, 다만 깔뱅이 파렐(Guillaume Farel, 1489-1565)에게 1538년 10월에 보냈던 편지에서 언급된다.[3]

2　Heinz Scheible, *Melanchthon: Vermittler der Reformation. Eine Biographie,* 2nd ed., München: Beck, 2016, 150.

3　*Melanchthons Breifwechsel. Kritische und kommentierte Gesam-*

그 내용은 성찬과 관련된 문제였을 것이다.[4]

3. 교환서신 Nr. 2, 1539년 깔뱅이 멜란히톤과 나눈 대화

1539년 프랑크푸르트에서 깔뱅은 멜란히톤과 직접 만나 대화를 나누었다. 둘 사이의 대화 내용은 1539년 초 파렐에게 보내는 편지에서 언급된다.[5] 내용은 성찬의 일치에 대한 것이다. 그는 멜란히톤과 견해가 일치하지만, 멜란히톤의 동료들 가운데 신뢰할 수 없는 성급한 사람들이 있고, 그들을 주의한다고 전한다.[6]

당대 개신교는 독일의 루터파와 스위스의 개혁파라는 큰 축으로 나뉠 수 있다. 둘의 차이는 성찬 견해로 인한 것인데, 그리스도의 육체가 성찬의 떡에 실체적으로 함께 하는가의 문제였다. 사실 종교개혁신학에서 성찬론의 문제는 주변적인 것이었다. 그러나 무엇이 얼마나

---

tausgabe, Heinz Scheible (ed.), Stuttgart-Bad Cannstatt, 1977ff. (= MBW), 2103; *Ioannis Calvini Opera Quae Supersunt Omnia*, Guilielmus Baum, Eduardus Cunitz and Eduardus Reuss (eds.), Brunsvigae: C.A. Schwetschke, 1863-1900 (= CO) 10, 276-280, Nr. 149, 특히 참고. 279 (교환서신 Nr. 1).

4 C. Augustin, "Melanchthons Briefwechsel", *NAKG* 72.2 (1992), 206.

5 MBW 2152; CO 10/2, 322-332 Nr. 162, Nr. 164 (교환서신 Nr. 2).

6 Augustin, "Melanchthons Briefweichsel", 205.

핵심적이거나 주변적인 것인가의 판단에는 이견이 있었다. 루터는 이 부분에서 상당히 완강한 입장을 가졌다. 그러나 멜란히톤은 루터보다는 개혁과 입장에 가까웠다. 깔뱅은 멜란히톤의 성찬 견해가 자신과 다르지 않다고 인식하고 있었다.[7]

깔뱅의 회의 참석은 의미가 있었다. 프랑스 난민 출신인 젊은 떠돌이 개혁자가 독일 개신교 최고 지도자들을 프랑크푸르트에서 만나게 된 것이다. 그리고 그가 만난 인물들 중 가장 중요한 인물이 바로 멜란히톤이었다. 그가 그곳에서 가장 영향력 있는 인물이었다. 그렇게 멜란히톤과 깔뱅이라는 두 개혁자는 이제 직접 만나 서로를 알게 되었고, 마주보고 이야기를 나누었다.

잊지 말아야 할 두 가지가 있다. 첫째, 그들의 만남의 장이 아주 복잡한 정치적 신학적 상황 가운데 만들어졌다는 사실이다. 종교개혁은 단순한 종교적 신학적 현상이 아니라, 정치적 상황과 매우 긴밀하게 연관되어 발생하고 발전하였다. 둘째, 종교대화는 기본적으로 일치를 목적으로 시행되었다. 일차적으로 가톨릭과 개신

---

7   멜란히톤이 육체적 임재에 가진 부정적인 생각은 1520년대부터 이미 명백했고, 이는 그의 실재론적 학문배경과 연관된다. 이에 대하여는 류성민, "츠빙글리와 멜란흐톤, 마르부르크 회의의 양자회담을 중심으로", 「갱신과 부흥」 24 (2019), 73f.을 참고하라.

교의 일치이지만, 개신교 내부의 일치는 모임의 전제로
서 중요 관심사였다. 멜란히톤과 깔뱅의 만남의 시작은
일치를 위한 것이었고, 이 주제는 그들의 평생에 계속
이어진다. 이와 같이 멜란히톤과 깔뱅의 관계는 복잡하
고 역동적 정치적 종교적 역사 정황에서 시작되고 진행
되며, 일치와 관련된 주제의 배경에서 발전하였다.

4. 교환서신 Nr. 3, 1540년 2월 11일 멜란히톤이 깔뱅에게

1) 서신의 내용

1540년 2월 11일 멜란히톤은 스트라스부르크에 있
던 깔뱅에게, 망명한 사제 한 명을 추천하며, 슈말칼덴
에서 부쩌와 깔뱅을 만나기를 희망하였다.[8]

2) 서신의 맥락

멜란히톤과 깔뱅은 1540년 보름스(Worms)에서 열린

---

8   MBW 2366; CO 11, 17f. Nr. 208; Philipp Melanchthon, *Melanch-
     thons Werke in Auswahl*, 9 vols., Robert Stupperich (ed.), Gütersloh:
     Gütersloher Verlagshaus Gerd Mohn, 1951f. (= MSA), 8, Nr. 351
     (교환서신 Nr. 3).

가톨릭과 개신교 진영의 대화에서 다시 만났다. 개신교 진영의 대표 신학자는 멜란히톤과 부쩌였다. 이 대화는 1541년 레겐스부르크(Regensburg) 대화까지 이어지지만, 결과는 실패였다. 하지만 이 시기에 선제후령 브란덴부르크(Brandenburg)가 종교개혁을 도입하였고, 쾰른의 선제후이자 대주교였던 헤르만 폰 비드(Hermann von Wied)도 자신의 영토에 종교개혁을 도입하려는 시도를 했다. 만약 이런 시도가 성공한다면, 개신교 황제를 기대할 수도 있는 상황이었다. 독일 제국의 일곱 선제후 중 작센, 브란덴부르크, 쾰른 이렇게 세 선제후령이 종교개혁을 도입하고, 팔츠는 이미 종교개혁자들과 호의적인 관계를 맺고 있었기 때문이다. 멜란히톤과 부쩌는 쾰른의 원만한 종교개혁의 도입을 위해 쾰른 교회 규범을 작성하였다. 그러나 쾰른의 종교개혁은 결국 황제의 군사적 개입으로 실패하게 되었다.[9] 그리고 쾰른의 종교개혁은 가톨릭 예식의 형식을 많이 인정하는 안으로 제시되었기 때문에, 멜란히톤과 부쩌가 개신교의 강경한 사람들에 의해 비판을 받는 계기가 되었다.[10] 그러나 깔뱅은 그 모

---

9 흐름에 대한 간략한 서술은 Scheible, *Melanchthon*, 162-167을 참고하라.

10 어떤 신학자의 신학을 평가하는데 있어, 그가 작성한 신학문서는 중요한 역할을 한다. 그러나 그 문서가 저자의 정확한 신학적 견해를 담고 있는가는 문서의 목적과 정황에 대한 이해가 필수적이다. 정치적

든 정치적 종교적 상황을 잘 알고 이해하는 사람 중 하나였다.

멜란히톤은 1540년 아욱스부르크 신앙고백 변경판 (Confessio Augustana Variata)을 루터파와 개혁파 모두의 신앙고백으로 작성하였고, 깔뱅은 이 신앙고백에 서명하였다.[11] 특히 성만찬과 관련된 내용은 1536년 비텐베르크와 고지 독일 도시들의 성찬 합의인 비텐베르크 일치 (Wittenberger Konkordie)의 정신(cum pane, 빵과 함께)을 그대로 반영하였다. 멜란히톤은 개인적으로 1530년 신앙고백(Invariata)과 1540년 신앙고백(Variata)을 같은 것으로 여겼다. 물론 그는 항상 새로운 것이 더 좋은 것이라고 여겼다.

한편 깔뱅은 1541년 9월 제네바로 다시 돌아왔다. 제네바는 1539년 사돌레토 추기경이 다시 로마 가톨릭으로 돌아올 것을 촉구하는 편지 때문에, 깔뱅의 도움을 요청하게 되었다. 깔뱅이 그들을 위해 적절한 신학적 대

인 목적으로 저자의 신학과 다른 내용을 담은 문서가 생길 수 있다는 것은 그리 이해하기 힘든 일이 아니다. 멜란히톤과 부쩌와 같이 종교 일치를 위한 대화에 많이 참석한 사람들일수록 그런 오해를 받기 쉽다. 또 이런 상황을 하나하나 모두에게 설명할 수도 없고, 설명한다 하더라도 모두가 이해하는 것도 아니다.

11   헤르만 셀더르하위스 엮음, 『칼빈 핸드북』, *The Calvin Handbook*, 서울: 부흥과 개혁사, 2013, 93.

답을 해줄 최선의 인물이었기 때문이다. 깔뱅은 스트라
스부르크에 거주하면서, 제네바를 위해 같은 해 9월 "사
돌레토 추기경의 편지에 대한 깔뱅의 답변"(*Iacobi Sadoleti
Romani Cardinalis Epistola ad Senatum populumq[ue] Geneuensem,
qua in obedientiam Romani Pontificis eos reducere conatur; Ioannis
Caluini Responsio*)을 작성하였다. 이를 계기로 1540년 10
월 이후 제네바 의회는 깔뱅을 다시 불러오기로 결정하
였고, 깔뱅은 망설였지만 결국 제네바로 향하게 되었다.

5. 교환서신 Nr. 4, 1542년 10월 멜란히톤이 깔뱅에게

1542년 10월 멜란히톤이 깔뱅에게 편지를 보냈지
만, 이 편지는 남아있지 않다.[12]

---

[12] 이 편지는 MBW 3169에 언급된다 (교환서신 Nr. 4).

III. 하나를 위한 노력 - 루터의 사망까지

(교환서신 Nr. 5 – 15)

1543년 이후 몇 년간 깔뱅과 멜란히톤 사이에 잦은 서신 왕래가 있었다. 전쟁의 위기가 상당한 가운데, 신학적 논쟁들도 뜨거워졌다.

1. 교환서신 Nr. 5 & 6, 1543년 초 깔뱅이 멜란히톤에게

1) 서신의 내용

깔뱅은 1543년 초 멜란히톤에게 피기우스에 반대하는 글의 서문(*Defensio sanae et orthodoxae doctrinae de servitute et liberatione humani arbitrii adversus calumnias Alberti Pighii Campensis*)을 멜란히톤에게 헌사했다. 깔뱅은 피기우스에게 의지의 자유와 예정에 대해 속히 대답할 필요가 있었고, 이 글을 멜란히톤에게 보냈다.[13] 피기우스는 하나님의 선택과 유기를 반대하는 입장이었다.[14] 이 글과

---

13   MBW 3157; CO 6, 229-232 (교환서신 Nr. 5).

14   Johannes Calvin, *Institutio christianae religionis, in libros quatuor nunc primum digesta, certisque distincta capitibus, ad aptissimam methodum: aucta etiam tam magna accessione ut propemodum opus novum haberi possit,* Genevae: Robert I. Estienne, 1559 (= Institutio), 22.1.

함께 보내는 편지[15]에서 깔뱅은 제네바의 곤란한 상황과 멜란히톤과의 영적 교제를 동경하는 내용을 기술하였다. 비록 공간적으로는 단절되어 있으나, 그리스도 안에서 한 공동체요, 하늘 소망을 가진 사이임을 강조하였다. 그리고 프랑스와 이탈리아에 이르는 깔뱅의 영향과 터키와 전염병으로 인한 독일의 곤란한 상황이 편지에서 언급되며, 쾰른의 개혁과 준비되는 트리엔트 공의회가 언급된다. 마지막으로 깔뱅은 멜란히톤에게 다니엘 주석을 요청한다.

2) 서신의 맥락

깔뱅은 멜란히톤에게 피기우스를 비판하는 자신의 글을 헌정하는 동기를 설명한다. 피기우스가 자신의 글 (De libero hominis arbitrio et divina gratia)을 추기경 사돌레토에게 헌정했던 것이 바로 그 동기였다. 피기우스가 가톨릭의 강력한 인물 사돌레토에게 헌정한 것처럼 깔뱅도 개신교의 강력한 인물, 멜란히톤에게 헌정하였다. 깔뱅

---

15   MBW 3169; CO 11, 515-517. Nr. 454 (교환서신 Nr. 6). 이 서신에서 멜란히톤에 대한 깔뱅의 가장 유명한 구절이 등장한다. "우리는 하늘에서 영원히 함께 만찬을 가질 것입니다. 그곳에서 우리는 우리의 사랑과 우정을 즐길 것입니다"(in coelis nos simul perpetuo victuros: ubi amore amicitiaque nostra fruemur).

은 두 가지 의미에서 피기우스를 분명하게 이기고자 했다. 첫째 글의 내용에서 피기우스를 확실하게 이기고자 했고, 둘째, 헌정의 대상에서도 압도적으로 이기고자 했다. 즉 깔뱅이 생각하는 멜란히톤은 개신교의 대표적 신학자요, 권위자로, 로마 가톨릭의 권위있는 추기경보다 더 나은 인물이었다.

편지의 말미에 깔뱅은 멜란히톤에게 다니엘 주석을 요청하는데, 이 주석은 정치적으로 상당한 의미를 가지고 있다. 멜란히톤은 1529년 황제 칼 5세(Karl V.)의 동생 페르디난드(Ferdinand)에게 아직 작성지도 않은 다니엘 주석의 서문을 헌정하였다. 그 내용은 마지막 시대에 정치 지도자들이 가져야할 바른 종교적 역할에 대한 기대를 다룬 것이었다. 물론 그 기대는 성과없이 끝이 났다.[16] 그리고 서문만 있던 주석은 1543년에야 나오게 되었다.[17] 깔뱅은 이 주석을 원했다.

깔뱅은 멜란히톤의 성경 해석을 매우 존중하였다. 더하여 성경을 해석하는 것이 어떻게 당대 역사적 정황과 관계할 수 있는지에 대한 멜란히톤의 견해에도 관심

---

16   참고. Nicole Kuropka, *Philipp Melanchthon: Wissenschaft und Gesellschaft. Ein Gelehrter im Dienst der Kirche (1526-1532),* Spätmittelalter und Reformation Neue Reihe 21, Tübingen: Mohr Siebeck, 2002, 158-169.

17   Scheible, *Melanchthon,* 125.

이 있었다. 멜란히톤이 성경의 적절한 메시지를 정치 지도자에게 전달하여 성경에 가르침에 합한 바른 영향을 끼치려는 시도를 무리한 성경 해석의 한 예로 이해하는 것이 아니었다. 오히려 그런 해석을 더 깊이 연구하고자 하는 바램을 깔뱅은 가졌다. 그런 해석에 대한 동의는 역사적 정황과 성경 이해에 대한 두 명의 위대한 신학자들의 전반적 일치를 가정하고 있다.

2. 교환서신 Nr. 7, 1543년 5월 11일 멜란히톤이 깔뱅에게

멜란히톤은 1543년 5월 11일 깔뱅에게 답장을 보냈다.[18] 그가 답장을 보낸 장소는 쾰른 종교개혁을 돕기 위해 머물고 있던 본(Bonn)이었다. 그는 깔뱅의 헌정에 감사를 표하고 있다. 다만 깔뱅의 편지는 책이 없이 도착했다. 그러나 다행히 본에서 함께 일하던 부쩌를 통해 책을 얻게 되었고, 내용을 살필 수 있었다. 멜란히톤은 먼저 역사적 상황을 전한다. 교황은 황제로 하여금 개신교와 전쟁을 일으키도록 부추겼고, 이를 통해 개신교의

---

18   MBW 3245; *Corpus Reformatorum: Philippi Melanthoins opera quae supersunt omnia*, Karl Bretschneider and Heinrich Bindseil (eds.), Halle: A. Schwetschke & Sons, 1834-1860 (= CR) 5, 107-109 Nr. 2702; CO 11, 539-542 Nr. 467; MSA 9, Nr. 438 (교환서신 Nr. 7).

몰락을 소망했다. 그러나 멜란히톤은 개신교 교리가 참되고 전수되어야 하며, 교회가 보존될 것을 믿고 있다. 깔뱅의 책에 대하여, 그는 섭리와 우연의 문제는 완전하게 이해될 수 없다며, 예정 교리에 대한 조심스러운 입장을 표현한다. 다만 하나님은 죄의 원인이 아니고, 자유의지임을 분명하게 주장한다.

3. 교환서신 Nr. 8, 1543년 6월 깔뱅이 멜란히톤에게

깔뱅은 1543년 6월 바로 멜란히톤에게 답장을 썼다. 멜란히톤이 편지를 받은 것은 언급되지만, 아쉽게도 그 편지는 분실되었다.[19] 아마도 깔뱅의 서신은 앞선 편지의 내용이었던, 피기우스를 반대하며 다루었던 자신의 책에 대해 멜란히톤 견해를 읽은 후, 이에 대한 자신의 반응을 담고 있었을 것이라 예상된다.

---

19 편지는 분실되었고, 언급만 있다(MBW 3273에 언급된다) (교환서신 Nr. 8).

4. 교환서신 Nr. 9, 1543년 7월 12일 멜란히톤이 깔뱅에게

1) 서신의 내용

1543년 7월 12일 본에 머물던 멜란히톤은 당시 스트라스부르크에 머물고 있던 깔뱅에게 편지를 보낸다.[20] 스트라스부르크의 교육 개혁가 요한 슈투름(Johannes Strum, 1507-1589)이 본을 방문했고, 그의 손에 깔뱅에게 보내는 서신을 전달하였던 것으로 보인다. 이 편지에서 멜란히톤은 깔뱅의 피기우스 반대 저작 가운데 원죄와 의지에 대한 내용은 찬성하지만, 예정에 대한 부분은 거절한다고 밝히고 있다.

2) 서신의 맥락

피기우스는 하나님께서 은혜로우시고 자비로우시기 때문에 자신이 만든 피조물을 자신의 선하심에 참여하도록 하셨으며, 피조물을 결코 미워하지 않으신다고 여겼다. 결국 그의 견해는 보편구원론을 향하고 있었다. 이에 대해 깔뱅은 하나님의 선하심을 강조하고, 이어 하

---

20   MBW 3273; CO 11, 594f. Nr. 488; MSA 9, Nr. 442 (교환서신 Nr. 9).

나님의 진노와 타락 역시 강조하였다. 그리고 엡 1:4을 근거로 택자와 유기자의 상관관계를 주장하여 이중예정에 대한 입장을 분명하게 하였다.[21]

깔뱅의 견해는 결국 유기의 근거를 하나님의 뜻에 두게 되는데,[22] 멜란히톤은 이 부분에 대한 설명이 쉽지 않은 부분이라고 생각했다. 그가 이중예정을 반대하는 것은 아니었다. 다만 이중예정과 하나님의 의로우심에 대한 문제를 모든 사람이 이해할 수 있도록 이성적으로 명확하게 설명하는 것이 사실상 어려운 일임을 인정하여, 불필요한 오해를 불러일으키지 않도록 입장을 보류한 것이다. 이런 유보적 입장은 멜란히톤만의 것이 아니다. 스위스의 여러 신학자들도 이중예정에 대해 분명한 입장을 밝히기보다는 망설이는 상황이었다. 이 부분이 로마 가톨릭의 공격을 받았기 때문이기도 하다. 그러므로 이 서신을 통해 멜란히톤이 예정교리를 부정한다고 해서는 안 된다.[23]

---

21 『칼빈 핸드북』, 624f.

22 깔뱅의 유기에 대한 견해의 발전에 대한 간략한 소개는 Peter Sammons, *Reprobation: from Augustine to the Synod of Dort. The Historical Development of the Reformed Doctrine of Reprobation*, Reformed Historical Theology 63, Göttingen: Vandenhoeck Ruprecht, 2020, 67-70을 참고하라.

23 Theodor Mahlmann, "Melanchthon als Vorläufer des Wittenberger Kryptocalvinismus", in Günter Frank / Herman J. Selderhuis (eds.),

사실 앞선 교환서신 Nr. 7에서 멜란히톤은 둘의 견해가 별로 다르지 않다고 언급하였고, 이후의 교환서신 Nr. 11에서도 깔뱅은 예정론에 대한 서로의 견해가 일치됨을 이야기하고 있다. 그러므로 둘 사이의 온도차는 본질적인 부분에 대한 것이라기보다는 설명의 방식과 정도에 있어 표면적인 차이일 뿐이었다. 그리고 이런 차이의 존재가 멜란히톤과 깔뱅의 결정적인 신학적 분열을 가져오는 요소는 아니었다. 예정에 대한 서술 방식의 차이는 둘의 교류를 막아설 수 없었다. 오히려 문제는 개신교 내의 분열을 일으키는 고전적 원인인 성례, 특히 성찬에 대한 견해 차이였다. 루터는 여전히 자기 의견을 강력하게 견지하고 있었고, 그의 제자들은 오히려 루터보다 더욱 강경했기 때문이다.

5. 교환서신 Nr. 10, 1544년 4월 21일 깔뱅이 멜란히톤에게

1) 서신의 내용

1544년 4월 21일 깔뱅은 비텐베르크로 돌아간 멜란

Melanchthon und der Calvinismus, Melanchthon-Schriften der Stadt Bretten 9, Stuttgart-Bad Cannstatt: Frommann-Holzboog, 2005, 184.

히톤에게 편지를 보낸다.[24] 프랑스 출신의 독일 유학생이 비텐베르크로 간 이야기로 시작하여, 제네바의 상황을 소개한다. 베른과의 갈등, 황제와 프랑스와 교황으로 인한 이탈리아의 전쟁의 위협, 터키의 지중해 장악을 설명한다. 그리고 "황제에게 고하는 탄원"(*Supplex exhortatio ad Caesarem*, CO 6, 453-534)에 대한 동의를 구하고 있다. 그러나 이 서신의 궁극적인 목적은 후반부에 기록된다. 루터가 취리히 사람들을 공격하였는데, 이를 불링거가 매우 곤란하게 생각했다. 그래서 깔뱅은 멜란히톤에게 루터를 좀 말려달라고 부탁한다. 마지막으로 깔뱅은 멜란히톤의 다니엘 주석을 찬양한다.

2) 서신의 맥락

깔뱅은 로마 가톨릭과 개신교의 관계가 단지 종교적인 성격만이 아니라, 정치적인 성격도 가질 수밖에 없음을 지금까지의 종교대화들을 통해 명백하게 알고 있었다. 당시 정치적 상황은 교황과 프랑스가 손을 잡았고, 터키의 위협으로 인해 독일 황제는 곤란한 상황이었다. 그래서 황제는 개신교 제후들의 도움이 필요했다. 이런

---

24   MBW 3531; CO 11, 696-698 Nr. 544 (교환서신 Nr. 10).

상황 가운데 개신교는 한 목소리를 낼 필요가 있었다. 그래야 독일과 스위스를 포함한 고지 독일의 개신교 진영이 황제의 정치적 위협으로부터 벗어날 수 있기 때문이다. 그러나 개신교의 하나 됨을 방해하는 강력한 장애물이 있었으니, 바로 루터였다. 깔뱅은 멜란히톤에게 굳이 이 시기에 별로 도움이 안 되는 개혁파를 향한 루터의 날카로운 비판을 막아달라고 요청하였다.

루터와 취리히 개혁파의 다툼은 1543년 8월 31일 루터에 의해 시작되었다. 취리히 출판업자 크리스토프 프로샤우어(Christoph Froschauer)가 취리히 신학자들의 라틴어 성경 번역을 루터에게 보냈는데, 기분이 상한 루터는 취리히 설교자들의 저작들의 발송을 금지하며, 그들과 한 공동체가 될 수 없음을 선언했다. 그리고 그들을 오류를 지닌 자들이요, 무리를 잘못된 길로 이끄는 자들이라고 비난했다. 쉽게 말해 이단이라는 것이다. 루터는 그들과 어떤 관계도 맺고 싶지 않았고, 츠빙글리가 맞았던 하나님의 심판을 그들이 겪기를 기대한다고 했다. 이는 끔찍한 저주였다.

스위스에서는 당연히 엄청난 분노가 발생하였다. 부쩌는 취리히의 불링거를 달래며, 멜란히톤으로 하여금 루터를 누그러뜨리게 하겠다고 약속하였다. 그 조치의 일환으로 제네바의 깔뱅은 멜란히톤에게 이해와 도움을 구하며, 서신을 보낸 것이다.[25] 깔뱅과 멜란히톤은 루터파와 개혁파의 중재자요, 서로를 이어주는 끈이었다. 다만 깔뱅의 생각대로 멜란히톤이 루터를 절제시킬 수는 없었다. 멜란히톤이 생각한 가장 좋은 방법은 취리히의 무응답이었다.[26] 이에 대해 멜란히톤이 깔뱅에게 보내는 답 서신은 없다.

6. 교환서신 Nr. 11, 1545년 1월 21일 깔뱅이 멜란히톤에게

1) 서신의 내용

깔뱅은 1545년 1월 21일 멜란히톤에게 자신의 글과 함께 편지를 보내며 멜란히톤과 루터의 판단을 요청했다.[27] 그 글은 유사 니고데모파에 대한 것이었다. 깔뱅은 멜란히톤과 일치한다는 점에 큰 가치를 두었다. 그리고 루터에게도 편지[28]를 썼고, 멜란히톤에게 전달을 부탁

25   Martin Brecht, *Martin Luther B. 3. Die Erhaltung der Kirche 1532-1546*, Stuttgart: Calwer Verlag, 1987, 323.

26   Brecht, *Martin Luther B. 3*, 325.

27   MBW 3803; CO 12, 9-12 Nr. 606 (교환서신 Nr. 11).

28   Martin Luther, *D. Martin Luthers Werke: Kritische Gesammtausgabe. Abt. Briefe*, Weimar: Bohlau, 1883f. (= WAB) 11, 26-29, Nr. 4072.

했다. 루터와 취리히 개혁파의 싸움은 해결되지 못했다. 오히려 루터의 "소 신앙고백"(Luthers »Kurzes Bekenntnis«)으로 다툼은 더 커져만 갔다. 어찌하든 깔뱅은 루터와 취리히의 갈등을 해결하고 싶었다. 그리고 츠빙글리와 외콜람파디우스를 반대하는 오시안더의 변증을 정죄하였고, 프랑스에서 공의회의 기대감이 커져간다는 소식들을 전달하였다. 마지막으로 깔뱅의 아내가 멜란히톤의 아내에게 보내는 안부도 포함되었다.

2) 서신의 맥락

깔뱅은 멜란히톤과 개인적 친근함을 돈독하게 하고자 아내의 안부를 전하는 등 상당한 노력을 했다. 그리고 그는 루터와 직접 서신 교환을 한 적이 없었기 때문에 멜란히톤을 통해 접촉해보려고 시도했다. 그러나 멜란히톤이 그 편지를 전달하지 않음으로, 깔뱅과 루터의 직접적인 접촉은 이루어지지 않았다. 멜란히톤은 루터와 취리히의 다툼 가운데 곤란한 상황에 있었던 것 같다. 그는 깔뱅의 편지를 루터에게 전달하는 것이 결코 현재 상황에 도움이 되지 않을 것이라 판단했다. 이런 곤란한 상황에서는 그는 조용하고 침묵하는 편을 택했다. 그러나 이런 멜란히톤의 애매한 태도는 깔뱅을 비롯

한 개혁파에게 불만을 갖게 했고, 더 나아가 멜란히톤의
신학적 견해에 대한 오해를 쌓았다.

7. 교환서신 Nr. 12, 1545년 4월 17일 멜란히톤이 깔뱅에게
- 보내지 않음

1545년 4월 17일 멜란히톤은 깔뱅에게 두 개의 편지
를 썼다. 그 중에 하나만 깔뱅에게 보냈다. 보내지 않은
편지에서 그는 깔뱅의 편지를 루터에게 전달하지 않았
다고 적고 있다.[29] 우리는 이 상황 자체가 멜란히톤 자신
에게도 곤란한 상황임을 충분히 짐작할 수 있다.

8. 교환서신 Nr. 13, 1545년 4월 17일 멜란히톤이 깔뱅에게

1) 서신의 내용

같은 날, 1545년 4월 17일 멜란히톤은 편지를 다시
작성하여 깔뱅에게 보냈다.[30] 멜란히톤은 이제 깔뱅의
유사 니고데모파에 대한 글을 평가하는 것으로 응답한

---

29   MBW 3884 (교환서신 Nr. 12).

30   MBW 3885; CO 12, 61f Nr. 632 (교환서신 Nr. 13).

다(참고. 교환서신 Nr. 14). 그리고 현재의 곤란한 상황을 타개하기 위해 깔뱅의 도움이 필요하다고 생각했다. 지금까지 다툼을 회피했던 결과가 바로 멜란히톤 자신에게 왔기 때문이다. 그는 깔뱅에게 기도를 요청하였다.

2) 서신의 맥락

당시 멜란히톤의 상황은 그리 녹록하지 않았다. 비텐베르크에서 루터에게 정서적으로 좀더 가까운 신학자들은 1530년대부터 멜란히톤에 대해 비판을 가하기 시작했다. 대표적인 예를 몇 개 소개한다. 니콜라우스 암스도르프(Nikolaus von Amsdorf, 1483-1565)는 루터와 멜란히톤의 교리가 차이가 난다며, 멜란히톤이 영생을 위해 공로가 필요함을 주장한다고 말했다. 유사하게 콘라드 코르다투스(Conrad Cordatus, 1480-1546)는 멜란히톤을 따르는 크루키거(Carpar Cruciger, 1504-1548)의 강의를 듣고, 칭의의 필연적 원인이 그리스도일 뿐만 아니라, 참회와 신앙을 위한 노력도 포함된다고 이해했다. 이런 이유로 그는 멜란히톤을 고소하였다. 야콥 쉥크(Jakob Schenk)도 평신도에게 잔을 베푸는 문제로 멜란히톤을 오해하고, 선제후에게 고소하였다. 이처럼 상황이 매우 악화되자 멜란히톤은 실제로 망명을 생각할 정도였다.

또한 요한네스 아그리콜라(Johannes Agricola, 1494-1566)는 멜란히톤에 대항하여 반율법주의 논쟁을 일으켰다.[31]

이 모든 비판에서 주목해야 할 중요한 점이 있다. 멜란히톤과 루터가 신학적인 차이가 존재한다는 의혹에서 멜란히톤을 향한 모든 공격이 시작하였지만, 놀랍게도 루터는 한 번도 멜란히톤을 공격하는 편에 서지 않았다는 사실이다. 오히려 루터는 적극적으로 멜란히톤을 변호하였다. 그는 멜란히톤의 철학과 자유의지에 대해 새로운 설명을 담은 1527년 골로새서 주석의 독일어 번역 서문을 직접 작성하였고, 코르다투스와 쉥크의 고소를 받던 1537년 식탁담화에서 "*Res et verba Philippus, verba sine re Erasmus, res sine verbis Lutherus, nec res nec verba Carolostadius*"의 글을 쓴 적이 있다. 루터에게 멜란히톤은 신학과 학문의 최고 권위자였다. 회개의 세 가지 원인(하나님의 말씀과 성령과 사람의 의지)에 대한 새로운 내용을 담은 유명한 *Loci*가 출간된 이후인, 1542/43년 루터는 한 탁상담화에서 신학을 연구하는 학생들을 위한 필독서로 성경과 멜란히톤의 *Loci*를 추천하였다. 회개의 세 원인을 루터가 몰랐거나 무시했다는 견해는 근거가 없다. 루터는 그의 평생에 단 한번도 멜란히톤의

---

31 멜란히톤에 대한 비판에 대한 짧은 요약은 다음을 참고. Scheible, *Melanchton*, 195-203.

반대편에 선 적이 없었다.

물론 명백하게 드러난 어느 정도의 신학적 차이가 있었다. 멜란히톤이 루터와 공유하지 않았던 한 가지는 성찬에 대한 문제였다. 이미 멜란히톤은 부쩌로 대표되는 고지 독일의 신학자들과 비텐베르크 일치(Wittenberger Konkordie, 1536)를 통해 서로 간의 성찬 교리의 합일점을 찾았다. 그러나 루터는 이 일치를 근본적으로 인정하지는 않았다. 그리고 이 문제는 1543년 그의 "소 신앙고백"을 통해 분명한 마찰로 드러나게 되었다. 사실 루터가 비판한 구체적 대상은 취리히 신학자들이었지만, 이는 개혁파와 같은 견해를 가진 사람들에게 여러 가지로 상당한 압박을 주었다. 멜란히톤도 여기에서 예외는 아니었다. 루터를 설득하고자 하는 깔뱅의 목적이 이루어지지 않고, 오히려 오해를 낳게 될 것이라 확신한 멜란히톤은 그래서 깔뱅의 편지를 전달하지 않았던 것이다. 하지만 깔뱅의 글에 대한 자신의 평가는 동봉하여 함께 보낸다.

9. 교환서신 Nr. 14, 1545년 4월 17일 멜란히톤이 깔뱅에게 – 평가문

1545년 4월 17일 멜란히톤은 깔뱅에게 니고데모파

에 대한 질문에 자신의 대답을 작성하여 보냈다.[32] 니고
데모파라 불리는 사람들은 "종교개혁의 중요한 이상을
공유하지만, 그럼에도 불구하고 가톨릭교회와 결별하
지 않은 사람을 가리켰다."[33] 멜란히톤은 여전히 교황의
편에 있는 개신교도들을 향한 입장을 간략히 정리하여
전달한다. 내적인 예배뿐 아니라 분명한 신앙고백이 필
요하다고 지적했고, 예배에서 미사, 성자숭배, 성례시행
과 같은 우상숭배에 반대했다. 그리고 핍박이라는 최악
의 상황에서 니고데모적 관료들은 분명히 책임이 있고,
이를 위해 이민을 생각할 수도 있음을 밝힌다. 교회사에
는 타락의 시기에도 경건한 사람들의 의식이 지켜져 왔
음을 발견할 수 있다. 대표적인 예가 성경읽기와 기도와
유아세례와 예배이다. 이런 상황에서 순교와 배교의 문
제가 발생할 수 있다. 지켜야 하는 지침을 제시하면서
도, 재세례파와 같은 잘못된 교훈을 피해야 하고, 니고
데모파의 궤변적 용서도 받을 수 없다고 한다. 다만 너
무 성급한 순교는 피해야 한다. 이민의 경우 교회와 단
절되어 신비주의에 빠지지 않아야 함을 지적한다. 물론
멜란히톤은 자신의 이런 평가에 있어 비판의 여지가 있

---

32 MBW 3886; CR 5, 734-739 Nr. 3176; CO 6, 621-624 (교환서신 Nr. 14).

33 『칼빈 핸드북』 321.

을 수 있음을 충분히 인정하면서 평가서를 마감한다.

10. 교환서신 Nr. 15, 1545년 6월 28일 깔뱅이 멜란히톤에게

1) 서신의 내용

깔뱅은 1545년 6월 28일 다시 멜란히톤에게 편지를 작성한다.[34] 앞서 멜란히톤은 루터의 과격한 공격에 대해 취리히의 침묵을 원했는데, 상황은 그렇게 흘러가지 않았다. 깔뱅은 멜란히톤에 동의하는 듯한 입장을 보이며, 취리히 사람들의 글을 비판한다. 츠빙글리를 위한 좋은 방어가 아니었다고 고백한다. 그러나 루터의 불필요한 과격함은 상처를 주는 것이었고, 이는 개신교회에 해를 끼치는 행위라고 지적한다. 깔뱅은 멜란히톤에게 매우 적극적으로 자신의 성찬 교리를 공적으로 주장할 것을 요구한다.

2) 서신의 맥락

아마도 깔뱅은 루터와 멜란히톤의 관계를 예상하고,

---

34   MBW 3928; CO 12, 98-100 Nr. 657 (교환서신 Nr. 15).

멜란히톤의 적극적 설득이 루터를 변화시킬 수 있을 것이라고 생각했던 것처럼 보인다. 그러나 멜란히톤의 생각은 달랐을 것이다. 그리고 당장은 개신교 내의 분열을 해결할 상황이 아니었다고 여겼을 가능성도 있다. 어쩌면 깔뱅의 편지로 멜란히톤의 마음이 상했을지도 모른다. 어쨌든 이 편지를 마지막으로 상당 기간 둘 사이의 서신 왕래는 단절되었다.

원인은 여러 가지가 있을 수 있지만, 당시 정치적 상황이 매우 불안하게 흘러가고 있었다는 점은 언급되어야 한다. 황제는 독일 제국 내에서 종교의 일치를 위한 노력에 점차 관심을 잃어버렸다. 그리고 1545년 5월 중순 보름스 제국회의를 통해 군사적 개입이 종교-정치적 문제를 해결하는데 더 낫겠다고 결론을 내리게 되었다. 앞서 깔뱅의 서신에서 보았던 독일 황제와 프랑스의 갈등은 독일 황제의 승리로 끝이 났다. 이제 교황청은 황제에게 유화적 협상을 제안하였고, 비록 실천이 이루어지지는 않았지만, 재정적 도움과 군사적 분담도 약속했다. 투르크의 술탄 술레이만과 휴전 협상도 진행되었다. 심지어 개신교로 돌아선 브란덴부르크 선제후를 곧 발발할 전쟁에서 멀리하도록 협상을 벌였고, 작센의 공작 모리츠(Herzog Moritz von Sachsen)와 비밀 협약을 맺어 선

제후령 작센을 배신할 계획도 미리 세워놓았다.[35] 황제
는 이제 외부의 다른 걱정 없이 독일 내부의 종교-정치
적 문제에만 집중할 수 있게 되었다. 결국 1546년 7월
슈말칼덴 동맹을 향한 전쟁을 선전포고하였다.

더하여 1546년 2월 19일 루터가 사망했다. 독일 개
신교의 가장 영향력 있는 인물이 이제 사라졌다. 멜란히
톤 입장에서는 루터만을 추종하는 사람들로부터 자신
을 보호하는 최선의 방패가 사라졌고, 자신을 향한 오해
를 해결하기 어렵게 되었다. 깔뱅의 입장에서는 교회의
하나 됨을 방해하던 루터가 사라지고, 비텐베르크가 멜
란히톤 중심으로 뭉쳐지면 루터파와 개혁파가 대화할
수 있을 것이라 생각했을지 모른다. 어떤 이유에서든 둘
사이의 교류는 상당 기간 끊어지게 되었다.

---

35 슈말칼덴 전쟁의 배경과 진행에 대한 짧은 요약은 Irene Dingel, *Reformation. Zentren – Akteure - Ereignisse*, Göttingen: Vandenhoeck
Ruprecht, 2016, 212-218을 참고하라.

Ⅳ. 전쟁 이후 (교환서신 Nr. 16 - 23)

1546년 발발한 독일 제국의 가톨릭 진영과 개신교 진영 사이의 슈말칼덴 전쟁은 개신교 진영의 패배로 끝이 났다. 작센의 공작 모리츠가 비밀리에 황제 칼 5세의 편에 서서 전쟁에 참여하여 비텐베르크를 점령하였고, 작센의 선제후 요한 프리드리히(1503-1554)는 칼 5세와의 전투 패배 후, 포로로 사로잡혔으며, 선제후위와 선제후에게 속하는 많은 영토가 모리츠에게 넘겨졌다. 비텐베르크의 주인이 바뀌었다. 모리츠가 이미 라이프치히 대학을 가지고 있었기 때문에, 비텐베르크 대학은 존폐의 위기에 놓였다. 이 위기에서 멜란히톤은 다른 대학들의 초빙요청에도 불구하고 비텐베르크에 머물기로 결정했고, 모리츠로부터 재정 지원을 약속받았다.

개신교 진영의 전쟁 패배 이후 열린 1548년 제국회의에서 새로운 종교정책이 채택되었다. 이후에 열릴 공의회의 결정까지 적용될 임시 종교정책으로 "아욱스부르크 잠정조치"(Augsburger Interim)라고 불린다. 전쟁의 승자였던 가톨릭 제후들은 이 정책을 자신들의 영토에 도입하는 것을 반대했다. 그래서 이 정책은 개신교 진영에서만 실행되었다. 개신교 예배가 폐지되고, 가톨릭 예배가 다시 도입되었다. 다만 이 정책은 전쟁의 승자 중

한 명인 모리츠에게는 난감한 것이었다. 그가 정치적으로는 가톨릭 진영에서 전쟁에 참여하였지만, 종교적으로는 개신교 진영에 속해 있었기 때문이다. 그는 자신의 영토에서 이 정책의 도입을 연기하면서, 아욱스부르크 잠정조치를 대체할 만한 대안을 만들고자 했다. 멜란히톤을 중심으로 한 신학자들에게 명령하여, 대응할 만한 가안을 작성하고 선제후에게 제출하도록 한 것이다. 이 가안은 종교개혁의 핵심 교리를 지키고, 예배의 요소와 같은 지엽적 부분은 양보하는 타협안이었다. 결과적으로 이 가안은 채택되지 않았고 폐기되었다. 그러나 이 가안에 불만을 가진 사람들이 있었고, 그들은 이를 유출하고, 출판하였다. 그들은 이 가안을 멜란히톤의 저작이라고 단정 짓고, "라이프치히 잠정조치"(Leipziger Interim)라고 명명하였다. 이 명명은 다분히 논쟁적이다. 가안은 정치적 이유로 작성된 것이었고, 채택되지 않은 중간문서였다. 그리고 멜란히톤이 유일한 저자도 아니었다. 그러나 이런 사안 자체를 부정적으로 여긴 멜란히톤의 적대자들은 성격이 애매한 이 안을 신학적 문서로 판단하고 엄청난 의미를 부여하였다. 이로 말미암아 발생한 논쟁이 아디아포라(*Adiaphora*) 논쟁이었다. 루터의 순수한 교리를 따른다고 주장하는 순수 루터파(Gnesio-Lutheraner)와 멜란히톤은 분열하게 되었고, 극심한 논쟁이 발생하

였다. 멜란히톤의 대표적인 순수 루터파 적대자는 플라
키우스(Matthias Flacius Illyricus, 1520-1575)였다.[36]

1. 교환서신 Nr. 16, 1550년 6월 19일 깔뱅이 멜란히톤에게

1) 서신의 내용

깔뱅은 아디아포라 논쟁이 치열하게 진행되던 1550
년 6월 19일 오랜만에 멜란히톤에게 편지를 쓴다.[37] 깔
뱅은 이 논쟁에 대한 유감을 직접적으로 표현하고 있다.
아디아포라에 대한 멜란히톤의 견해에 문제가 있다고
지적하였다. 깔뱅이 보기에 멜란히톤은 너무 많은 것을
양보했고, 이는 개신교에 위기감을 불러일으켰다. 다만
깔뱅은 멜란히톤의 상황을 이해하려 했고, 중재하려는
자신의 의도를 드러냈다. 그리고 마지막으로 제네바의
프랑스 망명자들의 안부를 전한다.

---

36 아디아포라 논쟁의 진행에 대한 간략한 소개는 Dingel, *Reformation*,
    216-218을 참고하라.

37 MBW 5830; CO 13, 593-596 Nr. 1381 (교환서신 Nr. 16).

2) 서신의 맥락

깔뱅이 언급하는 것은 분명 아디아포라 논쟁이었다. 깔뱅도 라이프치히 잠정조치를 멜란히톤의 신학적 입장으로 판단하였다. 즉 멜란히톤의 대적들의 논지에 정확한 정황을 알지 못했던 깔뱅은 그들의 논지에 어느 정도 설득되었다. 깔뱅이 이 문서의 역사적 배경을 어느 정도는 이해하고 있었지만, 이 문서의 성격과 논쟁의 근본적 원인에 대한 이해는 명확하지 않았던 것 같다. 멜란히톤의 신학적 진술을 비판한 것도 바로 그 이유에서였다. 그래서 깔뱅의 편지는 멜란히톤을 불쾌하게 하는 결과를 낳았을 것이다. 그래서인지 오랜만의 편지였음에도 불구하고, 멜란히톤은 답하지 않았다.

다른 주목할 만한 점은 깔뱅이 프랑스 사람들의 안부를 언급한다는 것이다. 비텐베르크에서 공부하여 직접 관계를 가진 사람들은 아닌 것으로 판단된다. 다만 지금 아디아포라 논쟁을 프랑스 위그노들도 주의 깊게 보고 있음을 우리로 하여금 짐작케 한다.

당시 제네바의 정치 신학적 사건도 언급할 필요가 있다. 개신교 내의 성만찬 논쟁 구도를 간략하게 표현하면, 루터와 취리히가 대척점에 있고, 그 중간에 부쩌로 대표되는 고지 독일 개혁파가 있었다. 1529년 마르부르

크 회의에서 실패하였던 성만찬 일치는 취리히를 제외
한 비텐베르크와 고지 독일 도시들 사이에서 1536년 비
텐베르크 일치로 합의되었다. 깔뱅은 스트라스부르크
의 부쩌와의 인연으로 같은 범주 안에 있는 것으로 여
겨졌다. 그래서 비텐베르크와는 큰 어려움 없이 이 문제
에 대해 대화할 수 있었다. 깔뱅이 멜란히톤을 설득하여
루터와 취리히의 분란을 해결하려고 시도할 수 있었던
이유도 여기에 있다.

   그런데 상황은 변했다. 전쟁 이후의 정치적 상황은
제네바가 취리히와 신학적 일치를 보여야 할 필요를 낳
았다. 정치적 동맹을 위해서 종교적 일치는 당시에 일반
적인 조건이었다. 깔뱅은 제네바와 스위스 개혁파의 일
치를 보여줄 필요가 있었다. 이를 위해 깔뱅은 취리히를
방문하여 불링거와 함께 이 문제를 논의하였고, 그 결과
1549년 취리히 일치(*Consensus Tigurinus*)가 나오게 되었
다. 중요한 것은 취리히 일치를 통해 깔뱅의 위치가 이
제는 더 이상 부쩌와 같은 중재적 입장이 아니라, 좀더
취리히 편에 서게 되었다고 인식되었다는 점이다.[38] 이
런 상황은 멜란히톤과 깔뱅의 자유로운 연락을 어렵게
만들었을 수도 있다. 그들의 서신은 사적인 비밀서신이

---

38   취리히 일치에 대한 배경과 간략한 소개는 Dingel, *Reformation*,
     239-242을 참고하라.

아니라, 어느 정도 공개되는 상황이었기 때문이다.

2. 교환서신 Nr. 17, 1552년 10월 1일 멜란히톤이 깔뱅에게

1) 서신의 내용

2년이 넘도록 둘은 아무런 연락이 없었다. 그리고 1552년 10월 1일 이번에는 멜란히톤이 먼저 깔뱅에게 편지를 보낸다.[39] 멜란히톤이 머물던 곳은 토가우(Torgau)였다. 전염병으로 인해 비텐베르크 대학이 토가우로 옮겨와 강좌를 열었다.[40] 전쟁 이후 혼란이 있기도 했겠지만, 깔뱅과 자유로운 연락이 어려운 이유 중 하나로 신뢰할 만한 편지 전달자가 부족했다고 전했다. 멜란히톤은 깔뱅을 여전히 높게 평가한다고 이야기한다. 지금 자신은 곤란한 상황에 처해 있고, 죽을 수도 있다고 말한다. 만약 망명이 필요하다면 깔뱅과 상의할 것이라고 전한다. 스트라스부르크 사람인 드리안더(Franciscus Dryander)에게 편지를 전하는데, 그를 통해 깔뱅이 자신에게 답을 줄 수 있을 것이다. 이제 멜란히톤은 오시안더

---

39   MBW 6576; CR 7, 1086f. Nr. 5214; CO 14, 368f Nr. 1656 (교환서신 Nr. 17).

40   참고. MBW 6525.

에 대한 대답을 준비한다고 밝힌다. 그리고 더하여 여러
전쟁의 상황을 전하고 있다. 특히 헝가리 왕 페르디난드
가 터키에 패배하였고, 이를 돕기 위해 작센의 선제후
모리츠가 원정을 갔다. 또한 프랑스와 독일 황제의 전쟁
이 있고, 독일 내에서 전쟁의 소식이 이어지는 우려스러
운 상황을 전하고 있다.

2) 서신의 맥락

사실 칼뱅과 멜란히톤의 연락이 없던 이 기간은 서
로에게 상당히 혼란스러운 기간이었다. 개신교는 전쟁
의 패배로 인해 상당한 어려움에 처하게 되었다. 황제의
군대가 가까이 있던 남부독일은 아욱스부르크 잠정조
치를 받아들일 수밖에 없었고, 이로 인해 수많은 개신교
피난민들이 발생하였다. 그러나 북부독일은 상황이 달
랐는데, 그 중심에는 개신교도이지만, 정치적인 목적 때
문에 황제 편에 있던 작센의 모리츠 때문이었다. 그는
자신의 영토에서 잠정조치의 적용을 연기하였고, 개신
교를 보호하였다. 그리고 그는 칼 5세가 슈말칼덴 전쟁
에서 자신에게 약속한 것들을 이행하지 않자, 황제에게
등을 돌렸다. 또한 비밀리에 막데부르크와 협상을 했고,
프랑스와 비밀 동맹을 맺었다. 결국은 황제를 대항하여

전쟁을 일으켰고, 1552년 5월 인스부르크 근처에서 황제의 군대를 무찔렀다. 이 전쟁이 제후전쟁(Fürstenkrieg)이다. 앞선 슈말칼덴 전쟁과 달랐던 점은 가톨릭 동맹이 황제를 돕지 않았다는 사실이다. 앞선 전쟁을 통해 황제가 과도한 정치적 이득을 추구했다고 생각하고, 그를 견제한 것이었다. 이 전쟁의 결과로 아욱스부르크 잠정조치는 사실상 효력을 잃었고, 결국 황제 칼 5세는 자신의 동생 오스트리아의 페르디난트에게 전권을 주고 물러났다. 1555년 페르디난트의 주도로 아욱스부르크 종교평화가 이루어지게 되었다. 이로써 개신교는 독일 제국에서 공식적으로 인정받는 종교가 되었다.[41]

3. 교환서신 Nr. 18, 1552년 11월 28일 깔뱅이 멜란히톤에게

1) 서신의 내용

깔뱅은 멜란히톤의 편지를 받고 기뻐했고, 그간의 오해에 대해 해명하면서 1552년 11월 28일 다시 멜란히톤에게 편지를 보낸다.[42] 깔뱅은 멜란히톤이 자신의 서

---

41 제후전쟁에 대한 아주 간략한 소개는 마르틴 융, 『멜란히톤과 그의 시대』, 이미선 역, 서울: 홍성사, 2013, 182-183을 참고하라.

42 MBW 6655; CO 14, 414-418 Nr. 1676 (교환서신 Nr. 18).

신(MBW 5830, 교환서신 Nr. 16)을 읽고 찢어버렸다는 소식을 듣기도 했다. 물론 이는 사실이 아니었을 것이다. 깔뱅은 멜란히톤의 편지를 읽고 나서 자신이 들은 소식이 거짓이요, 오해라고 느꼈다. 그는 교회를 위해 멜란히톤과의 우정이 중요하다고 말한다. 교회를 위한 구체적 주제로는 의지의 자유와 예정에 대한 문제를 제기하였다. 깔뱅과 그의 동료들은 멜란히톤을 반대하는 방향으로 논쟁을 끌어가지 않았다. 다른 주제는 오시안더이다. 깔뱅은 오시안더를 싫어하는데, 멜란히톤이 그를 찬양하는 글은 상당히 당혹스러운 것임을 전한다. 더하여 멜란히톤의 의지 교리와 예정 교리가 깔뱅 자신의 것과 차이가 있음을 보고, 자신의 교리를 설명하여 자신의 책("하나님의 영원한 예정에 대하여", *De aeterna dei praedestinatione*: CO 8, 249-366)을 소개한다. 물론 취리히 일치에 대한 멜란히톤의 반응을 듣고, 깔뱅은 견해 차이를 극복하기 힘들지 않을까 생각한다. 다만 깔뱅이 원하는 것은 대화였다.

2) 서신의 맥락

깔뱅은 멜란히톤의 서신을 예상하지 못했던 것으로 보인다. 그래서 이 편지에서 드러나는 감정은 첫째, 긍정적인 것으로 반가움과 지속적인 교제에 대한 기대이다. 이것이 교회를 위한 유익이 될 것이라 여겼다. 둘째는 부정적인 것으로, 둘 사이에 드러나는 신학적 차이에 대한 우려와 근심이다. 오시안더에 대한 멜란히톤의 명확한 입장을 잘 알지 못했던 깔뱅은 상당히 근심했을 것이다. 그 때문에 더욱 분명하게 자신의 예정에 대한 신학적 입장을 참고할 것을 요청했다고 보인다. 깔뱅은 이런 긍정적이고, 부정적인 두 감정으로 인해 상당히 조심스럽게 멜란히톤과 대화를 이어가고자 했다.

한 사람의 신학적 소신을 이해하는 것은 맥락 없이 불가능하다. 심지어 동시대 인물들이고, 서로 신뢰가 있는 사람들이라도, 직접적인 소통이 없이 맥락이 왜곡된 상황에서 확산되는 신학적 주장들은 서로에게 오해를 불러일으킬 수밖에 없다. 사실 깔뱅은 멜란히톤과 제한된 방식인 서신을 통해 간헐적으로 연락하다보니, 서로 간의 정확한 소통에는 한계가 있었다.

이 한계를 잘 보여주는 대표적인 예가 멜란히톤과 순수 루터파 사이의 논쟁에 대한 깔뱅의 이해였다. 이 논쟁은 예배 의식도 본질에 속한다는 강경한 입장을 가진 순수 루터파와 멜란히톤과의 문제였다. 그들은 루터의 권위를 주장하며, 이로 인해 발생한 잠정조치와 관련된 논쟁을 이어갔다. 그리하여 발생한 것이 아디아포라 논쟁과 구원에서 공로의 필연성에 대한 마요르 논쟁이

었다. 이들과 종교적 합의를 이루는 것은 사실상 불가능
했다. 대화를 이어갈수록 서로 간에 의문점들만 늘어갔
다. 루터라는 권위적 인물의 부재가 여기에서 중요했다.
그래서 1555년 제국회의는 최신의 개신교 신앙고백, 예
를 들면 작센 신앙고백(*Confessio Saxonica*, 1551)[43]이 아니라,
가장 오래된 신앙고백인 1530년 아욱스부르크 신앙고
백을 종교평화의 기초로 인정할 수밖에 없었다.

　당시 논쟁들 중 우리가 흥미롭게 여길만한 이야기를
소개하려고 한다. 순수 루터파의 대표적인 인물로 플라
키우스 외에 중요한 인물은 니콜라우스 갈루스(Nicolaus
Gallus, 1516-1570)를 언급할 수 있다. 그는 멜란히톤을 두
가지 문제로 공격하였는데, 바로 의지의 자유와 성찬 문
제였다. 갈루스를 반대하는 사람들은 갈루스가 스토아
적 운명론을 주장하고, 예정을 혼합하여, 사회적 영역과
성화적 측면에서 의지의 자유를 반대한다고 비난한다.
그러나 갈루스는 그런 비난은 잘못된 것이라며, 자신은
회심과 중생에서 의지의 자유를 반대한다고 확언하였
다. 이 관계에서 그는 의지가 "은혜를 받아들이는 능력"
이라는 전통적 정의를 비판한다. 멜란히톤의 *Loci*는 이

43　작센 신앙고백(*Confessio Saxonica*)은 멜란히톤이 트리엔트 공의회
　　에 참석하여 개신교의 입장으로 제출하기 위해 1551년 작성한 신앙
　　고백이다.

정의를 긍정적으로 인용하였다. 이와 관련하여 갈루스
는 오히려 에라스무스와 롬바르두스의 정의가 그럭저
럭 봐줄만 하다고 여겼다. 물론 루터파의 견해는 그것이
아니라고 여겼다. 갈루스의 견해에 따르면, 중생에 있어
의지는 완전히 수동적이라는 것이 성경의 교훈이다. 그
러나 멜란히톤은 의지가 중생 이전과 중생 이후에 능동
적이라고 주장한다는 것이 갈루스의 견해이다.[44] 정리하
면 은혜를 받아들이는 능력이라는 의미를 멜란히톤이
중생에서도 사용한다고 비판한 것이다.[45] 자유의지 문제
는 자연스럽게 예정교리와 연결된다. 그래서 깔뱅도 멜
란히톤에게 자신의 분명한 입장을 밝힐 것을 요구하고
있다.

다른 문제는 성찬과 관련되었다. 멜란히톤은 성찬에
서 그리스도의 실제 임재(Realpräsenz)를 반대한다는 혐
의를 받고 있었다. 갈루스는 그 혐의가 깔뱅의 견해를
통해 분명해졌다고 보았다. 멜란히톤이 깔뱅과 같은 견
해를 가지고 있다는 것이다. 그래서 갈루스는 아욱스부
르크 신앙고백으로 다시 돌아오라고 그 신앙고백의 저

44 Scheible, *Melanchthon*, 270f.

45 아마도 회심의 3요소(하나님의 말씀, 성령의 인도, 의지의 선택)에 대
     한 멜란히톤의 입장 때문일 것으로 예상된다. 그러나 이는 오해이다.
     사실상 갈루스의 입장과 멜란히톤의 입장은 차이가 없다.

자인 멜란히톤에게 요청하고 있다. 그는 이 고백으로 순수 루터파와 멜란히톤파의 화해가 가능할 수 있다고 생각했다.[46]

멜란히톤은 성찬 문제에 있어 순수 루터파의 공격에 대체로 침묵하려고 했다. 그들은 사실상 멜란히톤의 제자들이었고, 그들이 자신을 오해한 것이라고 여겼기 때문이다. 그리고 갈루스와 그의 동료들의 견해가 완전히 일치하는 것도 아니었다. 멜란히톤은 축성 없이 성례는 없다는 교황주의자들의 화체설에는 명백한 반대 입장을 냈다. 그의 대적은 개신교 내부의 세력이 아니라, 로마 가톨릭이었기 때문이다. 그러나 개신교 내부에 멜란히톤과 다른 목소리를 내는 사람들이 있었고, 그들은 멜란히톤을 지속적으로 공격하였다.

정리하면 순수 루터파는 멜란히톤의 성찬 견해가 루터와는 다르고, 깔뱅과는 동일하다고 여겼다. 이것이 그들의 공격점이었다. 사실상 깔뱅도 성찬에 있어 멜란히톤이 자신과 동일한 견해를 가지고 있다고 여겼고, 이를 공개적으로 선언해주길 요구하기도 하였다.

이런 논쟁의 시간이 지나면서 깔뱅은 멜란히톤의 상황을 어느 정도 이해할 수 있었던 것으로 보인다. 새로

---

46 Scheible, *Melanchthon*, 271.

운 문제는 오시안더 논쟁이었다. 정치적으로 매우 혼란스런 시기에, 신학적으로도 혼란스럽게 여러 논란이 벌어졌는데, 그 중에 오시안더 논쟁은 칭의와 관련하여 중요한 것 중 하나였다.

이 논쟁은 멜란히톤과 직접 연관이 있기에, 멜란히톤을 중심으로 설명하도록 하겠다. 오시안더(Andreas Osiander, 1498-1552)는 1522년부터 뉘른베르크(Nürnberg)의 St. Lorenz의 설교자요, 개혁자였다. 그는 1548년 11월 자신의 직임을 사임하고 브레슬라우(Breslau)로 갔다. 멜란히톤은 그의 결정을 인정하며, 비텐베르크나 라이프치히의 교수직을 제안하였다. 그곳에서 아욱스부르크 잠정조치의 적용 문제가 발생하자 오시안더는 쾨니히스베르크(Königsberg)로 갔고, 1549년 4월 신학 학위가 없음에도 그곳에서 신학교수가 되었다. 그런데 그의 취임연설에서부터 이미 회개와 믿음에 대한 견해가 비텐베르크와 일치하지 않음이 드러났다. 멜란히톤은 이것이 큰 문제가 아니라고 생각했고, 논쟁을 키우고 싶지도 않았다. 지금까지 오시안더와 관계가 좋았고, 상대할 대적은 로마 가톨릭이라고 보았기 때문이다. 오시안더는 자신의 논제를 서신과 함께 멜란히톤에게 보냈고, 멜란히톤은 이를 칭찬하며 동의한다고 설명했다. 그는 회개의 개념에 대한 용어의 작은 차이라고 여겼다. 그러나 다른 사람들의 판단은 멜란히톤과 달랐다. 프로이센에서 오시안더의 영향에 대한 우려가 발생했고, 결국 칭의 교리의 불확실성을 낳게 되었다. 사실 멜란히톤은 좀 더 이른 시기에 이에 대하여 반응했어야 했다.

1550년 결국 오시안더 논쟁이 발생하였다. 그해 10월, 오시안더는 칭의에 대한 논의를 출판하였다. 멜란히톤은 그의 주장을 루터의 교리에 반하는 것으로 보았다. 그러자 멜란히톤은 이제 오히려 루터의 원숭이라는 모욕을 받게 되었다. 그럼에도 멜란히톤은 자신이 루터의 견해에 동의한다는 점에서 원숭이라 모욕 받는다 해도 그 입장은 분명한 사실이라 생각했다. 오시안더는 멜란히톤에게 칭의 받은 사람의 갱신에 대한 진술이 없음을 아쉬워했다. 그러나 멜란히톤은 위로의 근거가 항상 하나님의 판단에 있다고 보았다. 하나님의 판단은 그리스도의 의 때문에 오는 것이며, 사람의 갱신은 그 원인이 될 수 없음이 멜란히톤의 견해였다.

1551년 3월, 멜란히톤은 개인적으로 공손하게 오시안더에게 개인적 관계와 우정을 유지하고 싶고, 교회를 위해 계속되는 싸움을 그치고 싶다고 했다. 멜란히톤은 오시안더의 견해를 다음과 같이 요약한다. "그는 칭의의 전가를 과도하게 버렸다. 이를 통해 꼭 필요한 위로를 어둡게 했다. 중생한 사람은 이 위로를 필요로 하고,

중보자로부터 받으며, 대제사장으로 인해 하나님께 기쁨이 된다는 것을 확신하게 된다. 중보자는 우리를 위해 오셨고, 그의 공로를 인하여, 즉 그가 우리 안에 갱신을 만들어내기 때문이 아니라, 자신의 공로를 인해 오셨다."
멜란히톤은 1552년 새해 다시 오시안더에게 답을 했다. 물론 오시안더는 침묵하지 않았다. 그러나 1552년 10월 17일, 갑자기 오시안더가 사망하였다. 그럼에도 논쟁은 지속되었다.[47] 특히 그에게 호의적이었던 지역은 그의 이름을 이단으로 언급하는 데 상당히 부정적이었다.

오시안더 논쟁이 어느 정도 진행되었지만, 오시안더를 향한 멜란히톤의 태도는 오해의 가능성이 충분이 있었다. 깔뱅은 이 부분을 확인하고 싶은 마음이 있었던 것으로 보인다. 깔뱅에게 오시안더의 문제는 당시 가장 뜨거운 논쟁거리로, 멜란히톤에 대한 태도를 결정할 수 있는 근거가 될 수 있었다.

---

47 오시안더와 멜란히톤의 논쟁에 대한 간략한 소개는 Scheible, *Melanchthon*, 245-249을 참고하라.

4. 교환서신 Nr. 19, 1554년 8월 27일 깔뱅이 멜란히톤에게

1) 서신의 내용

깔뱅의 기대와 달리 1년 반이 넘도록 멜란히톤의 답은 오지 않았다. 그럼에도 불구하고 깔뱅은 1554년 8월 27일 멜란히톤에게 다시 편지를 보낸다.[48] 깔뱅은 멜란히톤과 예정에 대하여 대화하기를 원했다. 그리고 새롭게 제기된 성찬 논쟁을 약화시켜 달라고 멜란히톤에게 간청한다. 세례와 성찬에서 루터의 기본 관심을 자신도 공유하고 있다고 밝힌다. 오시안더파의 공격이 자신을 아프게 한다고 고백한다.

2) 서신의 맥락

깔뱅은 격렬해진 성찬 논쟁에 대해 이야기하고 있다. 이에 대해 간략하게 설명하려고 한다. 취리히 일치 이후 깔뱅의 성찬 견해는 취리히와 함께 하는 것으로 이해되었다. 그래서 제네바에 대한 독일 제국내 루터파들의 반감이 커져갔다. 폴란드 귀족 출신으로 런던에 거

---

48   MBW 7273; CO 15, 215-217 Nr. 2000 (교환서신 Nr. 19).

주하는 피난민 교회의 수장인 요한네스 아 라스코(Johannes a Lasco, 1499-1560)는 1552년 성찬에 대한 한 논문 (*Brevis et dilucida Tractatio de Sacramentis ecclesiae Christi*)을 통해 취리히 일치를 새롭게 출판하고, 이를 개신교 모두의 통일된 견해라고 찬양하였다. 그러나 그의 의도와는 달리 이로 말미암아 격렬한 싸움이 발생하였다. 함부르크의 감독관인 요아킴 베스트팔(Joachim Westphal, 1510-1574)은 1552년과 1553년에 걸쳐 그리스도의 육체적 임재에 대한 루터의 교리를 부정하는 사람들을 경고하는 글을 출판하였다. 그는 강력하게 츠빙글리의 견해를 비판하였다. 이에 대해 깔뱅은 성례에 대한 저작(*Defensio sanae et orthodoxae doctrinae de sacramentis*)으로 대응하였다. 이 논쟁은 여러 신학자들이 동참하면서 확장되었다. 결국 깔뱅이 1557년 "마지막 경고"(*Ultima admonitio ad Joachimum Westphalum*)에서 더 이상 논쟁에 참여하지 않겠다고 선언함으로 논쟁은 잠잠해졌다. 이 논쟁을 통해 루터파와 개혁파의 신학적 구별이 명확해졌다. 더하여 이 논쟁은 서로를 향한 깊은 불신이 있다는 것도 드러냈다.[49]

---

49 제2 성찬 논쟁에 대한 간략한 요약은 Dingel, *Reformation*, 242-244 을 참고하라.

5. 교환서신 Nr. 20, 1554년 10월 14일 멜란히톤이 깔뱅에게

1) 서신의 내용

멜란히톤은 1554년 10월 14일 깔뱅에게 답을 보낸다.[50] 멜란히톤은 먼저 깔뱅의 삼위일체 교리에 대한 동의(*Defensio orthodoxae fidei de sacra trinitate*: CO 8, 453-644)에 감사한다. 그리고 1년 전에 있었던 세르베트(Michael Servet)의 처형에 동의를 표한다. 깔뱅의 편지(MBW 7273; 교환서신 Nr. 19)에서 요구하는 성찬 논쟁에 대한 개입에 대해 언급은 피하고, 삼위일체 교리와 그 교리가 계시와 회심과 위로와 가진 관계가 자신에게 중요하다고 대답한다. 그리고 죽기 전에 깔뱅과 이에 대해 이야기할 수 있기를 소망한다고 밝힌다.

2) 서신의 맥락

멜란히톤은 이미 격렬해진 성찬 논쟁에 적극 개입하는 것을 꺼려한다. 이 논쟁에 참여한 베스트팔을 비롯한 루터파 신학자들은 사실상 아디아포라 논쟁에서 멜란

---

50   MBW 7306; CR 8, 362f Nr. 5675; CO 15, 268f Nr. 2031 (교환서신 Nr. 20).

히톤을 대적한 사람들과 동일하기 때문일 것이다. 멜란히톤의 견해가 무엇이든 간에 멜란히톤의 참전은 엄청난 분란만 낳을 것이 명백했다. 물론 깔뱅 입장에서는 멜란히톤의 견해가 자신과 일치한다고 생각하고 있었고, 또 루터가 이를 용인했다고 보았기 때문에, 멜란히톤의 중재로 이 논쟁이 잠잠해지기를 원했을 것이다. 그러나 멜란히톤은 그런 역할을 감당하기를 원치 않았고, 사실 순수 루터파의 성찬 견해에 있어 그는 권위를 갖지 못했을 것이다.

보다 중요한 이유가 있다. 멜란히톤은 성찬 논쟁을 잘 알고 있지만, 그것이 기독교 교리의 본질적 요소라고 생각하지 않았다. 성찬은 구체적인 실천의 문제이고, 지금 성찬 논쟁의 요점은 실천에 있어 세부적인 요소에 대한 것이다. 가톨릭의 경우 이 요소가 구원론적 핵심을 가지고 있었지만, 개신교의 경우 성찬의 주체와 객체, 은혜의 분배와 관련된 것이었다. 오히려 멜란히톤은 깔뱅의 삼위일체 교리에 대해 언급하며 칭찬하고 있다. 그가 바라보는 바른 논의의 흐름은 개신교 내에서 성찬에 대한 좁은 논의를 다루기보다는 삼위일체와 같은, 넓고 본질적인 교리를 논의하는 것으로 나아가야 한다. 왜냐하면 인문주의자들을 중심으로 삼위일체 교리에 대한 의심이 생겨났고, 점차 커져가는 경향을 보여줄 것이기

때문이다. 서신에 언급되는 세르베트가 대표적인 사례
가 될 것이다.

1531년 스페인의 의사 미카엘 세르베트는 "삼위일체
의 오류에 대하여"(*De trinitatis erroribus*)를 출판하였고, 널
리 주목을 받았다. 그는 양태론적 단일신론과 유사하게,
한 하나님께서 세 모습으로 나타나는 것으로 표현하였
다. 이어 1553년 "기독교의 회복"(*Restitutio Christianismi*)이
란 책에서 삼위일체는 세 개의 머리를 가진 괴물을 이
야기하는 것이라고 비판하였다. 그리스도는 아버지에
게서 태어난 로고스가 아니라, 마리아의 아들, 사람이었
다. 성령은 위격이 아니라 능력으로 정의하였다. 이 교
리는 당시 제국법과 교회법으로 이단으로 판정받았다.
그는 고발되어 빈(Vienne)에서 가톨릭교회에 의해 체포
되었다가 결국 탈출하였다. 그러나 1553년 이탈리아로
가기 위해 제네바를 경유하다가 사로잡혔고, 재판을 거
쳐 화형을 당했다. 제네바의 재판 과정에 칼뱅이 개입하
였다.

세르베트는 이렇게 생을 마치지만, 그의 사상은 이
탈리아에서 계속 이어졌다. 이탈리아의 인문주의자들
중 많은 사람이 반삼위일체 사상에 흥미를 가졌고, 비밀
리에 그 사상의 확장을 도왔다. 이후 동유럽에서 반삼위
일체 사상들이 보호를 받았다. 이들은 일신론을 주장하

였고, 대표적인 인물로는 렐리오 소치니(Lelio Sozzini, 1525-1562)와 파우스토 소치니(Fausto Sozzini, 1539-1604)가 있다. 그들의 사고관은 계몽주의에 영향을 주었다. 그들의 삼위일체 교리에 대한 비판은 "오직 성경"의 원리에서 출발하였고, 자연 이성을 통해 지지되었고, 이 원리를 철저히 적용하였다. 그 결과는 구원 역사에서 선재와 성육신 개념을 반대하는 견해로 향했다. 기독론의 구원론적 요소는 주변적인 요소로 물러났다. 윤리적 관점이 중요하게 되었다. 일신론적 반삼위일체주의자들은 예수 그리스도 안에서 선재하는 로고스를 보지 않았다. 그는 하나님께 입양되었고, 높아진 하나님의 뜻의 선포자요, 그리스도인을 위한 모범인 사람일 뿐이었다. 따라서 종교개혁자들의 칭의 교리에서 "오직 은혜"를 중심으로 하는 아들의 대속교리는 비성경적인 것이라고 주장하였다. 그리스도는 하나님의 언약 소식의 전달자일 뿐이었다. 이 주장들은 광범위한 결과를 낳게 되었다. 17, 18세기 유럽의 계몽주의자들에게 미친 영향은 상당한 것이었다.[51] 현대 신학의 기본적 지향점도 이 사상에서 영향을 받았다고 할 수 있다.

  깔뱅과 멜란히톤이 반삼위일체 사상의 발전이 계몽

---

51 반삼위일체 사조들의 흐름에 대한 간략한 설명은 Dingel, *Reformation*, 145-148을 참고하라.

주의로 발전하는 것까지 예상했는지는 확실하지 않다. 그러나 인문주의 교육을 충분히 받은 당대 최고의 인문주의 학자들로서, 이 사상이 가진 근본적 위험을 감지하는 것은 당연했다. 그것은 단지 고전적인 삼위일체 교리를 부정하는 이단일 뿐만 아니라, "오직 성경"의 원리를 적극적으로 주장하며, 오래된 정통교리를 반박하는 새로운 사조였다. 이 사조는 기독교의 근본을 흔들려는 시도가 될 것이었다.

멜란히톤이 그의 서신에서 계시와 회심과 위로를 언급한 것은 이를 암시한다. 계시는 하나님께서 자신과 자신의 뜻을 그의 백성들에게 보여주신 것이다. 사람이 이 계시를 알고 깨닫기 위해서는, 성령 하나님의 조명이 필요하다. 그렇지 않고서는 계시를 알 수도, 깨달을 수도 없다. 이런 점에서 계시는 삼위일체 교리와 직접 연결된다. 회심은 멜란히톤의 *Loci*의 설명에 따라, 하나님의 말씀 전파와 성령의 역사로 말미암아 사람이 움직이는 것이다. 즉 회심은 삼위일체 하나님께서 사람의 의지를 움직이신 구체적인 결과이다. 위로는 자신의 행위로 구원을 얻지 못하는 사람들의 비참함을 하나님께서 보내신 성자의 공로로 덮을 수 있음에 위안을 얻는 것을 의미한다. 이처럼 계시와 회심과 위로는 하나님께서 알려주시고, 사람을 움직이시며, 구원으로 위안을 주시는 것을 보여주는데, 전부 사람을 위한 삼위 하나님의 일하심이다. 그러므로 만약 삼위일체 교리를 바르게 세우지 않는다면, 기독교의 근본은 무너지고 말 것이다. 멜란히톤은 성찬 논쟁과 같이 머리 아픈 지엽적인 문제보다는 삼위일체와 같은 본질적인 문제로 깔뱅과 교제하고 싶었다.

6. 교환서신 Nr. 21, 1555년 3월 5일 깔뱅이 멜란히톤에게

1) 서신의 내용

깔뱅은 1555년 3월 5일 멜란히톤에게 다시 편지를 보낸다.[52] 깔뱅은 멜란히톤이 자신에 대해 부정적인 마음을 가지고 있지 않음을 확인하고, 안심하며 기뻐한다. 특히 세르베트의 처리에 대한 동의에 기뻐한다. 그리고 멜란히톤이 자신의 경고(MBW 7273, 교환서신 Nr. 19)에 화내지 않았다는 것에 대해서도 기뻐한다. 깔뱅은 예정교리에서도 멜란히톤이 일치를 위해 노력하고 있다고 확신했다. 다만 성찬 견해에서 멜란히톤의 견해를 공개적으로 밝히지 않는 것에 대해 비판한다. 그러면서 자신의 글(*Defensio sanae et orthodoxae doctrinae de sacramentis*, CO 9,

---

52   MBW 7424; CO 15, 488f Nr. 2139 (교환서신 Nr. 21).

1-36)에 취리히를 포함한 모든 스위스 교회가 찬성하였으니, 멜란히톤도 동의해주기를 기대한다.

2) 서신의 맥락

깔뱅은 세르베트에 대한 처리에 동의해준 것에 기뻐한다. 그리고 멜란히톤이 개인적으로 마음이 상하지 않았다는 것에 만족했다. 기왕에 예정교리도 언급해주길 기대하고 있다. 왜냐하면 멜란히톤은 공개적으로 자신의 입장이 깔뱅을 비롯한 개혁파와 일치한다는 점을 드러내지 않고 있기 때문이다. 그리고 성찬 견해에 있어 베스트팔에 관한 자신의 응답에 대해 멜란히톤의 동의를 요구한다. 깔뱅은 멜란히톤이 자신의 편이기 때문에 이 부분에서도 최소한 수동적 동의를 보여주리라 기대한 것으로 보인다.

7. 교환서신 Nr. 22, 1555년 5월 12일 멜란히톤이 깔뱅에게

1) 서신의 내용

멜란히톤은 1555년 5월 12일 깔뱅에게 바로 답을 보낸다.[53] 이 편지에서 사실상 이전 편지에서 미뤄두었던 깔뱅의 요구에 답을 한다. 깔뱅 자신이 그의 적대자(Joa-chim Westphal)를 판단할 수 있다고 여겼다. 그래서 멜란히톤은 그에 대해 진술할 필요가 없고, 다만 나눠진 교회를 위한 도움을 요청한다. 멜란히톤을 반대하는 사람들에 대해 언급하고, 이들에 대해 대답할 것이라고 한다. 심지어 그는 자신이 노년에도 망명과 위험을 두려워하지 않는다고 적고 있다.

2) 서신의 맥락

멜란히톤이 깔뱅에게 보내는 서신에서, 그가 깔뱅을 신학적으로 인정하고 있음을 볼 수 있다. 그리고 깔뱅이 적대자들의 공격을 받는 것처럼 자신도 대적자들의 공격을 받고 있다고 고백함으로 사실상 자신을 깔뱅과 동일시하고 있음을 본다. 자신이 용감하게 이를 대처할 것이기에 깔뱅도 그리하라는 권면으로 이해할 수 있다. 다만 중요한 것은 이렇게 개신교회가 분열하여 다투는 일이 종식되도록 수고해야 한다.

자세히 보면 깔뱅의 대적인 베스트팔에 대한 멜란히톤의 입장도 여기에서 엿볼 수 있다. 깔뱅을 인정하고,

---

53   MBW 7489; CR 8, 482f Nr. 5783; CO 15, 615f Nr. 2204 (교환서신 Nr. 22).

그가 더 이상 이것에 대해 이야기할 필요가 없다는 말은 부정적으로는 이 다툼에 끼어들고 싶지 않다는 것이지만, 긍정적으로는 멜란히톤이 수동적으로나마 깔뱅의 견해에 암묵적인 동의를 보내는 것이라고 이해할 수 있다. 최소한 멜란히톤은 베스트팔의 편이 아니다. 베스트팔과 함께 있는 무리들은 사실 멜란히톤의 대적이었기 때문이다.

8. 교환서신 Nr. 23, 1555년 8월 23일 깔뱅이 멜란히톤에게

1) 서신의 내용

깔뱅은 멜란히톤의 힘 있는 편지에 1555년 8월 23일 다시 답을 한다.[54] 깔뱅은 멜란히톤의 견해에 찬성한다. 그들의 대적들은 오직 사람의 찬사만을 추구할 뿐이다. 그는 멜란히톤이 교회를 위해 확고히 노력하기를 요구한다.

---

[54] MBW 7562; CO 15, 737f Nr. 2278 (교환서신 Nr. 23).

2) 서신의 맥락

깔뱅은 멜란히톤의 서신에서 동질감을 느끼고 있다. 그리고 참 교회는 사람의 칭찬을 추구하지 않는다고 고백하며, 자신과 멜란히톤이 주변의 다른 인물들의 시험과 모함에도 불구하고, 교회의 설립과 보존을 위해 노력하고 있고, 이는 하나님의 칭찬을 기대하고 있음을 분명하게 한다. 그리고 멜란히톤에게 교회를 위한 노력을 요구하는 것은 복잡한 종교정치적 상황에서 무엇이 교회에 유익한 것인지, 잘 판단해달라는 요청인 동시에, 함께 그 길을 가자는 권면이기도 하다.

V. 아욱스부르크 종교평화와 위그노

(교환서신 Nr. 24 - 29)

1. 아욱스부르크 종교평화 & 제네바 상황 & 프랑스

이제 1년간 편지의 공백기가 존재한다. 그 사이 중요한 사건이 발생한다. 독일 제국 전반에서 가장 중요한 사건은 종교평화였다. 1555년 9월 25일 아욱스부르크 종교평화가 선언되었다. 그 내용을 살펴보면, 첫째, 가톨릭이나 아욱스부르크 신앙고백에 속하는 제국의 제후들과 성직자들은 전쟁을 해서는 안 된다. 아욱스부르크 신앙고백을 1530년판으로 인정한다면, 개혁파는 이 평화에 해당되지 않을 수 있다. 루터파와 개혁파의 논쟁 원인이 여기에서 나왔다. 루터파가 보기에 개혁파는 1530년판의 성찬 교리에 이견을 가지고 있다고 여겨졌기 때문이다. 둘째, 영주들은 자신의 영토에서 종교를 선택할 수 있는 자유를 가진다. 셋째, 신하들은 영주의 신앙고백을 따라야 했다. 만약 신하가 영주와 종교가 다를 경우 이주가 허용되었다. 넷째, 개신교로 개종한 주교는 자신의 종교적 지위와 소유지를 상실한다. 넷째, 제국 도시는 다른 종교를 가진 사람들의 거주를 허

용해야 한다. 그러나 이 문제는 종파 간의 갈등을 심화
시켰다.[55]

제네바에서도 중요한 일이 발생한다. 당시 제네바는
파벌 싸움에 휘말리고 있었다. 가장 큰 정치적 파벌이었
던 페렝파는 제네바를 스위스 연방에 가입시키기 위해
츠빙글리의 교회론에 찬성하며, 깔뱅의 반대편에 서 있
었고, 피난민들을 도시의 시민으로 받아들이지 않으려
했다. 이로 인해 도시가 불안정한 상황에 처해 있었다.
프랑스 난민들은 늘어나는 형편이었고, 시 의회와 장로
들의 모임인 콘시스토리움이 깔뱅의 편에 있었기 때문
이다. 그리고 1555년 페렝파는 선거에서 패배하였다. 다
수의 프랑스 피난민들이 중산 계층의 시민권을 획득하
였다. 페렝파는 이제 정권을 민주적 방법으로 다시 잡을
수 없다고 생각하고 폭동을 일으켰다. 그러나 폭동은 이
내 진압되었고, 페렝파의 정치적 영향력은 사라지게 되
었다. 제네바는 안정되었고, 깔뱅이 추구한 개혁을 원만
하게 진행할 수 있게 되었다. 물론 그렇다고 제네바가
신정 체제로 되었다는 의미는 아니다. 다만 정치적 적대
자들이 사라지고 개혁의 걸림돌이 하나 제거되었다.[56]

---

55 융, 『멜란히톤과 그의 시대』 184-186.

56 1555년 제네바의 상황에 대하여 『칼빈 핸드북』 114-116을 참고하라.

1556년 교환서신부터 위그노 문제가 다루어지기 시작하기 때문에 프랑스와 관련된 배경도 간략하게 소개한다. 멜란히톤은 프랑스와 꾸준한 관계를 맺고 있었다. 비텐베르크에는 프랑스 출신 유학생들이 있었다. 1530년대 개신교 진영의 슈말칼덴 동맹을 확장하기 위해 그는 신학적 조언자로서 프랑스와 잉글랜드와 협상했다. 이 과정에서 프랑스로부터 초빙제안을 받기도 했다. 프랑스 정부는 명백하게 가톨릭 편에 있었지만, 독일 제국과 교황과의 미묘한 정치적 관계로 인해, 대외적으로는 개신교에 대해 이중적 태도를 취했다. 1540년대 초 슈말칼덴 동맹과 정치적 동맹을 고려할 때나 1550년대 초 황제를 대항하는 모리츠와 비밀협약을 맺은 일이 대표적인 예이다. 그러나 대내적으로 프랑스 정부는 개신교에 상당히 부정적이었다. 깔뱅은 자신의 모국을 진정으로 사랑했으나 프랑스에서 활동할 수 없었고, 프랑스 정부의 그러한 태도는 깔뱅을 비롯한 수많은 신앙의 피난민들을 양산했다.

1547년 프랑수아 1세(François I, 1494-1547)를 이어 앙리 2세(Henri II, 1519-1559)가 프랑스의 왕이 되었다. 그는 부왕의 종교정책을 이어받아 개신교도를 핍박하는 정책을 지속하였다. 특히 이단을 처벌하는 종교재판소(샹브르 아르당뜨, Chambre Ardente)를 개설하고, 수많은 개신교인들을 체포하고 잔인한 방법으로 고문하고 사형을 집행했다.[57] 그러나 극렬한 탄압에도 불구하고 1555년 부터 1562년에 이르기까지 프랑스 개신교는 엄청나게 성장했다. 1559년 파리에서 첫 번째 총회를 개최할 당시 거의 100개 정도의 교회 규모로 증가하였고, 1562년에는 2,150개 교회로 부흥하였다. 교회의 성장을 위해서는 반드시 목회자가 필요한데, 이를 위해 제네바는 118명의 선교사를 파송하였다.[58]

2. 앙리 2세 치하에서 위그노 핍박

앙리 2세는 1551년 독일 개신교 진영이 독일 제국 황제 칼 5세와 전쟁을 할 때, 그들을 지원하였다. 구체적으로 작센의 선제후 모리츠와 동맹을 맺었다. 교황 율리우스 3세(Julius III, 1487-1555)가 그에게 1551년 2월 6일 교서를 통해 엄격하게 참 신앙을 지킬 것을 명령하였을 때, 앙리는 교회와 국가의 종교적 질서의 오용을 없애기 위해 국가적 공의회를 개최하려는 마음을 먹었다. 이를 통해 로마 교황과 왕 사이의 분쟁은 더욱 악화되었고,

---

57   조병수, 「위그노, 그들은 어떻게 신앙을 지켰는가?」, 합신 포켓북 시리즈 06, 수원: 합동신학대학원출판부, 2018, 33.

58   조병수, 「위그노, 그들은 어떻게 신앙을 지켰는가?」, 34.

교황은 앙리의 출교를 위협하기까지 이르렀다.[59] 결론
적으로 종교개혁에 대한 프랑스 왕의 입장은 전혀 종교
적이지 않았고, 정치적이었다. 자신의 정치적 입지를 위
해 종교를 사용하였다.

1552년 말, 상황은 로마 교황의 시각에서 긍정적이
었다. 점점 더 영향력을 얻어가는 것 같았던 프랑스 정
부와 독일 개신교와의 정치적 연대는 프랑스 사회 내의
종교적 관계에서는 경쟁관계로 발전하게 되었다. 앙리
2세는 특히 기즈 가문과 그의 정부(디아느 드 푸아티에,
Diane de Poitiers)의 영향 아래 있었다. 그들은 교황과 긴
밀한 관계를 가지고 프랑스에서 교황의 이해를 대변하
였다. 비록 앙리 2세가 대외적으로는 칼 5세와 맞서는
개신교도 작센의 모리츠와 동맹을 맺고 있었지만, 자신
의 국가 안에서는 종교개혁 운동에 대하여 냉철했다. 그
의 통치 첫해, 1547년 5월 2일 모든 연령대, 남성과 여성
모두, 출신과 상관없는 박해가 시작되었다. 같은 해 10
월 8일 왕은 특별 재판소를 설치하여 왕국의 개신교도
를 핍박하도록 했다. 그 결과 많은 화형이 집행되었다.
그 재판소는 샹브르 아르당뜨(Chambre Ardente, 불타는 방)

---

59   Anette Zillenbiller, "47. Bekenntnis der Pariser Gemeinde 1557
      (mit Abendmahlserklärung)", in *Reformierte Bekenntnisschriften
      Band 1/3 1550-1558*, Neukirchen-Vluyn: Neukirchener, 2007, 366.

로 불리게 되었다.

종교개혁의 지지자들을 향한 핍박은 같은 형식으로 크게 확장되었다. 혐의를 받은 사람을 사로잡고, 치욕을 주고 고문으로 그들이 공개적으로 배교하도록 강요하였다. 그 결과 많은 사람들이 일시적으로 혹은 영구적으로 추방당했고, 재산을 몰수당했다. 그리고 살아있는 상태에서 공개적으로 화형을 당했다. 그 결과 점차 많은 종교개혁의 추종자들이 인접한 국가로 피난을 가게 된 것은 결코 놀라운 일이 아니었다. 1540년대 초반부터 스트라스부르크에, 그리고 제네바에 점점 성장하는 프랑스 망명인 공동체가 성장했다.[60]

3. 신앙의 피난민들과 멜란히톤

프랑스에서만 신앙의 피난민들이 있었던 것은 아니다. 흥미로운 것은 피난민들이 주로 루터파가 아니라 개혁파였다는 사실이다. 루터파의 진영에 정착한 개혁파 피난민들은 그들의 개혁파 신앙으로 발생한 문제에서 멜란히톤과 깔뱅과 관계를 가질 수밖에 없었다. 대표적인 예를 들면, 1544년 벨기에 남부의 왈롱(Wallone)에서

---

60   Zillenbiller, "Bekenntnis der Pariser Gemeinde 1557", 367.

신앙의 피난민들이 베젤(Wesel)로 몰려들었다. 그들은 뛰어난 수공업자였기 때문에 베젤 시에 큰 경제적 이득을 가져왔다. 종교적 통합의 문제는 학장이자 감독관이었던 니콜라우스 부스코두겐시스(Nicolaus Buscoducensis)가 원래 있던 루터파들이 외국인들의 신앙을 이해할 수 있도록 하나의 신앙고백을 작성하여 해결하였다. 다만 그들은 성례를 베젤의 성직자들로부터 받아야 했으므로 결국 베젤 공동체에 속하게 되었다. 그러나 그들은 프랑스어를 사용했기 때문에 자신들의 예배를 드렸다. 왈롱 사람들은 형식을 중요시하는 베젤의 예배 형식에 어려움을 느꼈다. 이런 곤란을 호소하는 그들을 서신으로 진정시킨 인물이 바로 깔뱅이었다. 그러나 그는 문제를 결정적으로 해결하지는 못했다. 중요하지 않은 것에 대한 문제, 즉 아디아포라가 여기에서 등장하게 된다. 더 중요한 목적을 위해 덜 중요하지 않은 것을 받아들여야 했던 상황이었다. 예배의복, 성체, 성체거양 문제가 이와 관계되었다.

1553년 새로운 피난민들이 발생하였다. 잉글랜드에서 가톨릭 신자인 메리가 여왕으로 취임하면서 곧바로 개신교에 대한 핍박이 시작되었다. 과거 네덜란드와 프랑스의 신앙의 피난민들이 런던에서 아 라스코의 지도 아래 네 개의 공동체를 형성하고 있었는데, 그들은 이제

신속하게 잉글랜드를 떠나야 했다. 아 라스코는 엠덴 (Emden)으로 피난을 떠났다. 한 그룹의 사람들이 베젤로 왔다. 그런데 그들은 옛 왈롱 공동체와 달리 베젤 지역 교회와 연결되는 것을 거부했고, 독자적인 공동체를 만들 수 있게 해달라고 요청하였다. 깔뱅의 반대에도 불구하고, 잉글랜드에서 온 사람들은 루터파의 예배에서 아디아포라적 요소들을 받아들이지 않았다. 그들은 비밀리에 자신들이 런던에서 했던 방식으로 성찬을 베풀었다.

베젤 정부는 1555년 아욱스부르크 종교평화 이후, 외국인들에게도 공식문서로 인정된 아욱스부르크 신앙고백을 받아들이도록 요구했다. 그러자 점차 성찬 문제가 다시 논쟁이 되었다. 사람들은 아욱스부르크 신앙고백 비변경판(*Invariata*, 1530)과 변경판(*Variata*, 1540)을 구분하기 시작했다. 둘 다 멜란히톤이 작성한 신앙고백 문서였고, 그때까지 아무도 그 차이에 대하여 중요하게 생각하지 않았던 것이다. 그래서 베젤시에서 그들의 성찬 이해에 대해 멜란히톤의 평가를 받아보자는 제안이 들어왔고, 비텐베르크와 긴밀한 관계였던 베젤 정부는 이를 받아들였다.[61]

멜란히톤은 아 라스코를 직접 만나 이야기를 한 적

---

61 MBW 7999 (1556년 10월 19일), 8014 (1556년 11월 1일), 8061 (1556년 12월 15일).

이 있는데, 분명히 이 문제에 대해 논의하였을 것이다.[62]
멜란히톤은 전반적으로 베젤 루터파의 거친 성찬 교리
를 꾸짖었고, 루터의 교훈을 상기시키며 다음과 같이 말
한다. "자신의 고향을 떠나야 했던 외국인들은 신앙의
난민이기 때문에 그들의 진리를 분명하게 버릴 수는 없
다. 다시 추방하려고 한다면, 애초에 받아들이지 말았어
야 했다. 설교단에서 외국인들에 대한 반대를 선동하기
보다는 그들을 바르게 가르치는 일이 필요하다." 멜란
히톤은 1556년 11월 13일 베젤 정부에게 이 평가서를 보
낸다.[63] 제국도시 프랑크푸르트와 스트라스부르크와 마
찬가지로 베젤도 프랑스 사람들과 잉글랜드 사람들이
자신의 공동체를 갖도록 허락해야 한다는 것이다. 물론
그들을 보호하는 일은 재세례파나 이단을 용인하는 것
과는 전혀 다른 문제였다. 멜란히톤은 루터가 비텐베르
크 일치에 동의했음을 지적하지만, 화체설과 오시안더
의 견해는 거절한다고 했다. 마지막으로 그는 클레베-
율리히의 빌헬름 공작(Herzog Wilhelm von Kleve-Jülich)과
베젤 시민들의 동정심에 호소하였다.

---

62   Scheible, Melanchthon, 291. 참고. MBW 8204 (1557년 4월 23일).
      멜란히톤은 프랑크푸르트 암 마인에 있는 랑귀에에게 편지를 쓰고
      있다.

63   MBW 8023.

그러나 그의 도움은 한정적일 뿐이었다. 그들에게 베풀어진 관용은 1557년 3월에 그치고 말았다. 그 후에 피난민들은 프랑크푸르트 암 마임(Frankfurt am Main)으로 옮겨가야 했다. 그곳에서도 문제가 있었는데, 프랑크푸르트 의회는 그들에게 호의를 가지고 있었지만, 루터파 설교자들은 그렇지 않았기 때문이다. 이 문제를 해결하기 위해 깔뱅이 직접 프랑크푸르트를 방문하였다. 그곳에서 깔뱅은 멜란히톤에게 서신을 보냈다(교환서신 Nr. 24). 당시 그곳에는 위베르 랑귀에(Hubert Languet, 1518-1581)가 머물고 있었는데, 그는 이 상황을 멜란히톤에게 보고하였다. 랑귀에는 피난민들을 물질적으로 도왔다. 멜란히톤도 이 도시 정부에 1557년 7월 13일 평가서를 써주었다.[64] 그는 프랑크푸르트의 프랑스인 공동체와 잉글랜드인 공동체가 어떤 이단적 사상도 없고, 고대의 신앙고백과 작센 신앙고백을 유지하고 있으며, 단지 성찬 교리에서만 다를 뿐이라고 확인해주었다. 또한 지역을 뛰어넘는 교회회의를 열어 정부로 하여금 통일된 성찬 교리와 실천을 돌보도록 하는 일이 필요하다고 제안하였다. 특히 성체거양의 행위는 다툼의 원인이 되었다고 지적하였다. 프랑크푸르트 의회는 자신들의 결정을

---

64   MBW 8271; CR 9, 179f. Nr. 6279.

새로 내리지 못했고, 그냥 멜란히톤의 평가서를 받기로
결정하였다.[65]

4. 교환서신 Nr. 24, 1556년 9월 17일 깔뱅이 멜란히톤에게

1) 서신의 내용

깔뱅은 1556년 9월 17일 프랑크푸르트에서 멜란히
톤에게 편지를 보낸다.[66] 그는 외국에 소재한 프랑스 교
회의 다툼을 중재하는 일을 했다. 그런 그를 괴롭히는
사람이 있었는데, 유스투스 벨시우스(Justus Velsius, 1510-
1581)라는 이름의 인물이었다. 그는 멜란히톤과 아는 사
이이다. 멜란히톤의 답은 없었지만, 깔뱅은 아마도 자신
의 편지에 멜란히톤이 관심이 없어서 그럴 것이라고 생
각한다. 하지만 멜란히톤이 자신에게 호의를 갖고 있다
는 것을 확신한다고 전한다. 깔뱅은 멜란히톤이 매우 호
전적인 순수 루터파(플라키우스파 사람)로 인해 심히 고생
한 것을 보았다. 특별히 그는 멜란히톤이 팔츠(Pfalz)의
선제후 오트하인리히(Ottheinrich von der Pfalz, 1502-1559)에

---

65 이후의 결과에 대해서는 V.11.1)과 2)를 참고하라.

66 MBW 7957; CO 16, 280-282 Nr. 2531 (교환서신 Nr. 24).

게 영향을 주어야 한다고 권하고 있다.

2) 서신의 맥락

깔뱅은 1541년 제네바로 돌아간 후 그곳을 거의 떠나지 않았다. 취리히 일치를 위해 취리히를 방문한 것은 분명 특별한 일이었다. 그런데 지금 깔뱅은 프랑크푸르트에서 편지를 쓰고 있다. 이 외출의 원인은 베스트팔과의 논쟁에 있었다. 1555년 베스트팔이 프랑크푸르트에 거주하며 루터파 교회의 예배당에서 예배를 드리고 있었던 네덜란드 개혁파 피난민 교회를 반대하도록 루터파 교회의 목사들을 선동했기 때문이다. 프랑크푸르트 의회는 피난민들을 돕는 입장이었는데, 루터파와 개혁파는 이 문제로 인해 상당한 불화를 겪게 되었다. 1555년 아욱스부르크 종교평화를 통해 독일 제국 내에서 아욱스부르크 신앙고백을 고백하는 종교는 합법화되었다. 베스트팔로 대표되는 루터파가 보기에 개혁파는 아욱스부르크 신앙고백을 인정하지 않고, 특히 성찬문제에 있어 다른 고백(취리히 일치)을 인정하는 것이니, 불법이라고 여긴 것이다.

네덜란드 출신의 인문주의자요, 의학자요, 언어학자였던 벨시우스는 이때 깔뱅과 아 라스코와 논쟁했던 사

람으로, 그들의 자유의지와 예정 교리를 반대하였는데,
편지에도 직접 언급되고 있다. 그러나 그의 과격한 견해
는 루터파의 동의도 받지 못했고, 1557년 4월 15일 프랑
크푸르트에서 추방되었다.

깔뱅은 개혁파 교회들이 처한 문제를 해결하기 위해
1556년 9월 직접 프랑크푸르트를 방문하였다. 그는 개
혁파와 루터파가 대부분의 교리에서 일치한다는 입장
을 분명히 하였다.[67] 깔뱅은 아 라스코와 함께 만났고,
멜란히톤을 자신의 편으로 삼고자 시도하였다. 하지만
이에 대해 멜란히톤에게 보내는 랑귀에의 보고는 그리
긍정적이지 않았다.[68] 결국 루터파 목사들은 깔뱅과의
대화를 거절하였고, 불화는 계속되었다. 1561년 프랑크
푸르트 시의회는 피난민 교회의 예배와 교리가 루터파
와 일치하지 않는다는 이유로 피난민 교회를 폐지하기에
이르렀다. 이제 개혁파 교인들이 루터파 목사가 베푸는
세례를 받아야 하는지, 루터파 교회의 성찬식에 참여해
야 하는지에 대한 문제가 현실적으로 대두되었다. 이에
대해 깔뱅은 성례의 효력이 성례를 거행하는 사람에게
달려 있지 않으며, 루터파 교회의 의식이 사소한 것은

---

67 『칼빈 핸드북』, 132f.

68 MBW 7959. (1556년 9월 18일)

아니나 그렇다고 본질적인 요소도 아니라고 답했다. 결국 루터파 교회가 그들의 견해를 강요하지 않는다면, 자유롭게 참여할 수 있다고 조언하였다. 그러나 루터파 신앙고백에 서명하는 문제는 그 안에 있는 세례와 성찬에 대한 잘못된 견해 때문에 반대하였다.[69]

당시 프랑크푸르트에는 프랑스와 네덜란드에서 온 피난민 교회들이 있었고, 그들은 대부분 개혁파에 속해 있었다. 비록 그들이 자신들은 아욱스부르크 신앙고백을 따른다고 주장하지만, 루터파는 이에 대해 비판적인 상황이었고, 이 상황은 현실적인 어려움을 일으켰다고 짐작할 수 있다. 그리고 개혁파로 구성된 피난민 교회들이 일종의 연합을 이루고 있었다는 것도 어느 정도 인식할 수 있다.

팔츠의 선제후 오트하인리히는 깔뱅의 예상대로 1557년 루터파 종교개혁을 자신의 영토에 도입하였다. 그리고 1559년에 선제후에 오른 프리드리히 3세(Friedrich III. von der Pfalz, der Fromme, 1515-1576)는 개혁파 종교개혁을 도입하였다. 유명한 1563년 하이델베르크 요리문답(Heidelberger Katechismus)이 그 산물이다. 이 과정에서 멜란히톤의 역할은 상당히 중요했다. 프리드리

---

69 『칼빈 핸드북』, 133.

히 3세는 개혁파 종교개혁을 도입하기 위한 평가서를 멜란히톤에게 요구했고, 멜란히톤은 성찬의 교제는 빵과 살, 포도주와 피 사이의 관계에 대한 특별한 이해를 통해 발생하는 것이 아니라, 성찬을 통해 함께 묶여있는 사람들 사이의 관계를 통해 발생하는 것이라고 평가하였다.[70] 성찬에서 중요한 것은 요소에 대한 지식이 아니라, 신앙 공동체이다. 성찬의 주체는 교회이다. 이는 멜란히톤이 개혁자로서 활동하던 초창기부터 루터와 구분된 일관된 견해였고, 츠빙글리와 유사성을 갖는 특징이었다.[71] 이를 근거로 팔츠는 개혁파 종교개혁을 도입한다.

5. 교환서신 Nr. 25, 1557년 8월 3일 깔뱅이 멜란히톤에게

1) 서신의 내용

깔뱅이 서신을 보낸 지 거의 1년이 되었지만 그는 답을 받지 못했다. 그리고 1557년 8월 3일 깔뱅은 다시 보

---

70   1559년 11월 1일 멜란히톤은 팔츠의 선제후 프리드리히 3세에게 평가서를 보낸다. MBW 9119; CR 9, 961-966 Nr. 6861B; MSA 6, 484-486.

71   류성민, "츠빙글리와 멜란흐톤", 71.

름스로 여행 중이던 멜란히톤에게 편지를 보낸다.[72] 멜
란히톤은 깔뱅에게 3년간 편지를 하지 않았다. 그러나
깔뱅이 다시 편지를 보낸 이유는 요한네스 리누스
(Johannes Linus)가 멜란히톤이 여전히 깔뱅에게 호의가
있다고 확신시켰기 때문이다. 깔뱅은 "베스트팔렌에게
보내는 마지막 경고"(Ultima admonitio ad Joachimum
Westphalum, CO 9, 137-252)를 동봉하여 보내면서, 그가 멜
란히톤의 견해에 기초한 이유를 설명하고, 더 이상 플라
키우스파의 공격에 침묵하지 말기를 권하고 있다. 멜란
히톤은 제후들을 움직여 스위스 사람들을 종교대화로
초대해야 한다고 권한다. 아니면 멜란히톤이 요한 아 라
스코에게 썼던 것처럼(MBW 7960), 스스로 그런 대회를
개최할 것을 권한다.

2) 서신의 맥락

깔뱅은 멜란히톤과 멀어졌다고 판단했다. 그러나 주
변에서 그런 것이 아니라고 정보를 주는 사람들로 인해
다시 용기를 내어 멜란히톤에게 편지를 썼다. 1년 전 깔
뱅이 프랑크푸르트를 방문하여 피난민들의 신앙 문제

---

72   MBW 8293; CO 16, 556-558 Nr. 2677 (교환서신 Nr. 25).

를 해결하고자 노력한 것에 대하여 멜란히톤도 동일한 대응을 한 것을 깔뱅은 알게 되었고, 그로 말미암아 자신에 대한 호의를 가지고 있음을 예상했을 것이다. 또한 이런 흐름을 보면, 깔뱅은 멜란히톤이 자신과 동일한 신학적 입장을 가지고 있다는 것을 확신할 수 있었을 것이다. 그리고 직접적으로 깔뱅이 멜란히톤에게 편지를 보낸 것은 멜란히톤이 1557년 보름스 종교대화에 참석한다는 소식을 알고 있었기 때문이다. 그리고 베스트팔렌을 반대하는 근거를 제공한 사람이 멜란히톤임을 언급함으로 자신과 멜란히톤의 신학이 다르지 않다는 것을, 둘이 같은 편에 있음을 다시 확인한다. 그리고 당시 멜란히톤을 매우 거세게 비판했던 순수 루터파 즉 플라키우스파에 대해 더 이상 침묵하지 말기를 권하고 있다. 오히려 이 문제를 해결하기 위해서는 스위스 사람들을 포함한 종교대화가 필요하다고 주장하였다. 이 문제는 피난민들의 신앙 공동체 문제와도 긴밀하게 관계된 일이었다. 이 일을 추진할 수 있는 인물이 멜란히톤이기에 그가 직접 움직여주기를 부탁하고 있다. 사실 이런 내용은 아 라스코에게 밝힌 멜란히톤의 견해이기도 했음을 지적한다. 그리고 더하여 아 라스코라는 공동의 호의적 인물로 멜란히톤의 관심을 더 끌고자 시도했다.

1년 전인 1556년 깔뱅이 프랑크푸르트에 방문했을

때 아 라스코도 함께 있었다. 아 라스코는 깔뱅과 상의하고, 1556년 11월 폴란드로 돌아갈 때 비텐베르크를 방문하여 멜란히톤을 만났다. 그리고 이듬해인 1557년 9월에 프랑크푸르트에서 비밀리에 만나기로 약속하였다.[73] 그러나 보름스 종교대화가 열리게 되면서 계획은 틀어졌다. 그럼에도 깔뱅은 여전히 보름스의 멜란히톤에게 제후들에게 영향을 주어, 스위스를 대화에 초대해 주기를 요청한 것이다.

6. 교환서신 Nr. 26, 1557년 8월 깔뱅이 멜란히톤에게

1557년 8월 깔뱅은 다른 편지 하나를 멜란히톤에게 보냈다. 그러나 이 편지는 남아있지 않다. 다만 멜란히톤이 자신의 서신에서 언급하고 있다.[74]

---

73 Neuser는 멜란히톤이 단지 마지못해 이 만남을 승낙하였다고 판단한다. Wilhelm Neuser, "Von Zwingli und Calvin bis zur Synode von Westminster", in Carl Andresen u.a. (eds.), *Handbuch der Dogmen- und Theologiegeschichte B. 2*, 2nd ed., Göttingen: Vandenhoeck Ruprecht, 1998, 280.

74 편지는 남아있지 않고, 다만 MBW 8331에서 언급만 나온다 (교환서신 Nr. 26).

7. 교환서신 Nr. 27, 1557년 9월 8일 깔뱅이 멜란히톤에게

1) 서신의 내용

1557년 9월 8일 깔뱅은 아직 답장을 받지 못한 채, 여전히 보름스에 있는 멜란히톤에게 편지를 보낸다.[75] 깔뱅은 이전 달에 보냈던 두 개의 편지를 기억하고 있다. 그리고 그는 편지의 전달자 쫄레거(Wenzeslaus Zuleger)를 추천한다. 그는 프랑스에서 법학을 공부하였고, 개신교의 비밀집회에 참여했으며, 후에 제네바에 살고 있다가 이제 보름스 종교대화에 참관하고자 한다. 제네바 교회의 상황에 대하여 이 전달자가 보고할 것이다. 프랑스의 왕 앙리 2세가 패배한 후 이제 셍껑땅(St. Quentin)이 정복되었다. 이 도시는 깔뱅의 고향인 누와용(Noyon)에서 하룻길에 불과했다. 기즈 공작 프랑수아(François de Guise)가 이탈리로부터 왔고, 아풀리엔(Apulien, 갈리폴리, Gallipoli)은 파괴되었다.

---

75   MBW 8331; CO 16, 604f Nr. 2701 (교환서신 Nr. 27).

2) 서신의 맥락

깔뱅은 이 편지를 통해 프랑스 사람인 쫄레거를 소개하고, 그를 종교대화에 참여하게 하고, 프랑스의 상황을 정확하게 전달하고자 했다. 아직 깔뱅은 생 자크 거리 사건은 인지하고 있지 않았다. 그러나 보름스 종교대화에 자신의 대표들을 보내면서 종교대화에서 좋은 역할을 기대하였다. 피난민들의 신앙 공동체에 대한 좋은 합의를 기대했을 것이다. 또한 이는 정치적인 것과 관계된다. 프랑스는 지금 독일 제국과 전쟁에서 패배한 상황이었다. 이런 저런 전쟁의 위기는 프랑스 개신교에게 좋지 않은 것이었다. 특히 프랑스 왕이 개신교에 대하여 어떤 정치적 판단을 내릴 수 있을지 깔뱅은 우려했고, 이를 독일의 개신교 제후들을 통해 영향을 끼칠 수 있기를 소망하였다. 이런 내용을 전달할 가장 적절한 인물은 멜란히톤이었다.

8. 1557년 보름스 종교대화의 배경과 진행

1) 보름스 종교대화의 전반

1555년 아욱스부르크 제국회의는 개신교를 인정하

는 동시에 종교의 통일을 위해 노력하자고 결의하였고, 1557년 보름스에서 마지막 종교회의가 열렸다. 멜란히톤은 포이커와 에버 등의 비텐베르크 신학자들과 함께 회의에 참석하였다. 멜란히톤의 명성은 개신교 내에서뿐만 아니라, 가톨릭 진영에서도 상당히 높았다. 그러나 토론의 성과를 얻는 데 있어 그의 명성은 별로 도움이 되지 않았다.[76] 보름스 종교대화도 그런 예 중에 하나였다. 종교대화의 목적은 아욱스부르크 종교평화를 통해 인정된 신앙고백들이 다시 하나의 교회를 이룰 수 있도록 함에 있었다. 멜란히톤은 이 대화의 결과를 이미 예상하고 있었다. 그러나 정치적 목적도 함께 있는 대화였기 때문에 어쩔 수 없이 그는 참석해야 했다.

1557년 8월 28일 멜란히톤은 그의 동료들과 함께 보름스에 도착했다. 이미 다른 대표들도 도착해 있었다. 슈말칼덴 전쟁으로 선제후 위를 빼앗긴 작센의 공작 요한 프리드리히가 세운 예나 대학의 신학자들이 바이마르 정부를 대표하여 참석하였다. 그들은 완강한 순수 루터파의 입장을 가지고, 아욱스부르크 신앙고백뿐만 아니라, 변증서와 슈말칼덴 조항까지 공식화해야 한다고 주장했다.

---

76 Scheible, *Melanchthon*, 278.

공식적인 회의가 시작되기까지 상당한 시간이 남아 있었다. 그동안 사실상의 협의가 이루어졌고, 이는 거의 비밀로 남겨졌다. 다만 그 결과물로 공식 문서가 남게 된다. 개신교 측의 공식 문서는 당연히 멜란히톤에 의해 작성되었다.[77]

개신교의 진영의 첫 모임은 9월 5일에 열렸다. 예나 측의 슈네프(Schnepf)가 나와서 잘못된 교리들을 거론하며 정죄할 것을 요구하였다. 마요르 오류(Maiorismus), 오시안더 오류(Osiandrismus), 츠빙글리 오류(Zwinglianismus)가 언급되었다. 다만 멜란히톤이 참석한 이유로 아디아포라는 언급되지 않았다. 물론 멜란히톤은 이런 주장을 자신을 향한 공격으로 느꼈다. 사실 그는 그 자리를 떠나고 싶었다.[78] 개혁파와의 관계에서 흥미로운 것은 여기에 츠빙글리 오류가 지적되었다는 점이다.[79]

9월 9일 개신교 진영의 두 번째 모임은 좀 더 부드러운 분위기로 진행되었다. 팔츠의 선제후 오트하인리히(Kurfürst Ottheinrich von der Pfalz)는 모든 논쟁점들을 해

---

77 Scheible, *Melanchthon*, 280.

78 Scheible, *Melanchthon*, 281.

79 츠빙글리 오류라고 할 때 성찬에서 그리스도의 임재를 단순한 상징으로 보는 견해를 가리키는 것으로 보인다. 제네바의 성찬 견해가 여기에 속하지 않은 다른 입장이라는 사실은 비텐베르크와 취리히에서 매우 흥미로운 것이다.

결하기 위한 총회를 열고, 통일성 있게 교황 측과 협상할 것을 요구하였다. 슈네프는 여전히 강한 입장을 보였고, 멜란히톤의 경우 마요르 문제나 아디아포라를 다루고 싶어 하지 않았다. 그리고 오시안더 문제를 다루려고 하지 않는 사람들도 있었다.

그러나 성찬 문제는 상황이 전혀 달랐다. 이미 깔뱅과 베스트팔이 격렬하게 이에 대해 논쟁하고 있었다. 여기에 대해 논의될 필요가 있었던 것은 여러 나라에서 수많은 신앙의 피난민들과 순교자들이 발생했기 때문이다. 베스트팔과 그의 지지자들의 견해는 새롭고 낯선 표현 방법을 사용하였는데, 마치 화체설과 같이 빵과 포도주에 그리스도를 가두는 교리를 지지하는 것처럼 보였다. 그래서 멜란히톤은 깔뱅의 견해가 설명될 필요가 있다고 여겼다. 브렌츠의 경우 이에 대한 해답으로 1530년 아욱스부르크 신앙고백 수준에 머물러야 한다고 주장했다.

9월 11일 드디어 1차 전체회의가 열렸다. 개신교 편에는 필립 멜란히톤, 요한네스 브렌츠, 에르하르트 슈네프, 게오르그 카르그(Georg Karg), 요한네스 피스토리우스, 야콥 룽어가 참석하였다. 가톨릭 진영은 미카엘 헬딩(Michael Helding), 요한네스 그롭퍼(Johannes Gropper), 예수회의 페트루스 카니시우스, 스트라스부르크 주교 요한 델피우스 등이 있고, 회의의 대표 역할은 나움부르크 (Naumburg) 주교 율리우스 플루크(Julius Pflug)가 맡았다. 멜란히톤과 동료들은 고대 교회의 신앙고백들과 아욱스부르크 신앙고백의 바탕에서 성경에 대한 신앙을 고백하였다. 동시에 반대되는 교리들을 부정하였는데, 트리엔트 공의회의 결정들과 잠정조치(Interim)가 언급되었다. 또한 개신교회가 참된 교회라고 주장하였다. 그들은 선지자와 사도의 교훈에 서 있고, 초대 교회의 교훈에서 벗어나지 않았다. 이런 방식으로 멜란히톤은 개신교회가 분열을 야기했다는 비난을 반박하였다. 그리고 대적인 가톨릭 진영에게 아욱스부르크 신앙고백을 인정할 것을 제안하였다.

반대편의 대표자는 미카엘 헬딩이었다. 그는 잠정조치의 작성자로 메르세부르크(Merseburg)의 주교였다. 9월 14일 3차 회의에서 헬딩은 개신교 내부의 차이점들에 대해 질문하였다. 이에 대해 다음날 게오르그 카르그는 개신교는 아우그스부르스 신앙고백으로 일치하고, 세르베트와 테오발트 타머(Theobald Thamer)와 재세례파와 슈벤크펠트(Schwenckfeld)를 정죄하는데 의견을 같이한다고 대답하였다. 그러나 가톨릭 진영은 이를 인정하지 않았고, 개신교 진영의 통일된 견해를 요구하였다. 그리고 9월 16일 5차 회의에서 가톨릭 진영은 명백하게 오류들을 버릴 것을 주장하였다.

이제 논의는 핵심 주제로 다가갔다. 교회론과 죄론이었다. 이를 판정하기 위한 근거는 하나님의 말씀인 성경이어야 한다. 결국 궁극적 권위의 문제로 귀결된다. 개신교는 성경이 그 자체로 이해되고, 언어학적 규칙으로 관찰되어야 한다는 입장이었다. 즉 성경의 의미는 분명하다. 교회는 이 말씀을 항상 순종해야 한다. 이에 반하여 교회의 권위는 본질적이지 않다.[80] 그러나 가톨릭 진영은 개신교 내에 입장 차이가 있다며, 사실상 개신교의 성경 해석은 통일성이 없고, 오류가 있다는 것을 지적하였다.

가톨릭 진영의 예상대로, 이후 개신교 진영은 내부에서 상당한 의견 차이를 드러냈다. 멜란히톤은 아욱스부르크 신앙고백과 변증서와 슈말칼덴 조항을 기초로 삼아야 한다는 긍정적 진술을 주장하였지만, 강경한 입장을 가진 예나의 대표들은 츠빙글리와 깔뱅과 오시안더와 마요르와 아디아포라에 대한 정죄를 요구했다. 반면 가톨릭 진영은 깔뱅, 오시안더, 스탄카루스, 플라키우스, 갈루스에 대한 정죄를 요구했다. 멜란히톤은 이런 입장에 대해 개인적인 반대의 입장을 내지 않았다. 그는

---

80 Scheible, *Melanchthon*, 284.

이러한 일반적 정죄들은 교회를 위해 도움이 되지 않고, 오히려 가톨릭의 성례 오용과 미신적 미사를 강화시킬 것이라고 주장했다. 멜란히톤은 교리가 긍정적으로 작성되고, 설명되어야 하며, 그래서 모든 사람에게 자신이 믿어야할 것을 분명하게 알려줘야 한다고 했다. 그러나 멜란히톤의 견해에 모두 사람이 수긍하며 따르지는 않았다.

결국 개신교 내부 회의에서도 이 차이는 극복되지 못했다. 아디아포라 문제로 멜란히톤을 민감하게 하는 일이 있었지만, 개혁파에 대한 비판의 의견에는 일치가 있었다고 한다. 아마도 츠빙글리의 상징설에 대한 비판이었을 것이다. 그러나 선행의 필연성에 대한 마요르 논쟁, 칭의에 대한 오시안더 논쟁에 대한 논란도 존재하였다. 가톨릭 진영과 대화로 이어지는데, 그들은 어떤 견해가 자신들이 비판해야 할 정확한 개신교 입장인지를 알려달라고 요구하였다. 사실상 개신교 내에 존재하는 이견은 해결될 수 없었다.

결국 10월 초 예나의 대표단은 먼저 회의장을 떠났고, 개신교 진영의 통일된 견해를 위한 합의가 내용적으로 제도적으로 이루어지지 않음이 명백해졌다. 그리고 보름스 종교대화는 결국 결렬되었다. 팔츠의 선제후와 뷔르템베르크 공작은 개신교 신학자들에게 통일된 교

리 규범 작성을 명령했다. 1557년 11월 멜란히톤이 "일
치형식"(Konsensformel)을 작성하여 12월에 토의하였고,
1558년 2월 개신교 지도자들이 모여 "프랑크푸르트 협
정"(Frankfurt Rezess)이라는 일치 문서를 작성하였다. 아
욱스부르크 신앙고백과 변증서에 기초를 두고, 칭의, 선
행, 성찬, 아디아포라에 대한 개신교 교리를 적절하고
수용 가능하게 작성하였다. 그러나 분열된 개신교 진영
을 통일시키려는 노력은 실패하였다. 특히 순수 루터파
에 가까운 예나의 신학자들은 "일치형식"에 동의하지
않았고, 1559년 "바이마르 논박서"(Weimarer Konfutations-
buch)를 작성했다. 이후 1577년이 되어서 루터파는 일치
문서들을 내놓을 수 있게 되었다.[81] 물론 이 문서들은 더
이상 개혁파를 염두에 두지 않은 것이었기 때문에, 멜란
히톤의 의도에 반하는 것이었다.

　보름스 종교대화의 실패는 개신교 내에서 종파의 발
전이 불가피하다는 점을 드러냈다. 개혁파는 취리히 일
치를 통해 자신만의 분명한 입장을 확고하게 세웠고,
1555년 아욱스부르크 종교평화로 인해 인정된 "아욱스
부르크 신앙고백"의 우산 아래 자신들의 합법성을 주장
함으로 독일 제국 내에서 영향력을 키워나갔다. 선제후

81　융, 『멜란히톤과 그의 시대』, 188-191.

령 팔츠가 개혁파를 선택하였고, 나사우, 브레멘, 안할
트 등으로 확장되었다.[82]

2) 보름스 종교대화의 후반

(1) 위그노 핍박 문제에 대한 반응

예나 측 사람들이 떠나자마자, 깔뱅의 추천을 받은
파렐(Guillaume Farel, 1489-1565), 베자(Theodor Beza, 1519-
1605), 부데(Jean Budé, 1515-1587), 카르멜(Caspar/Gaspar
Carmel)[83]이 보름스에 도착했다. 그들은 그곳에 모인 개
신교 신학자들의 중재를 통하여 프랑스 왕 앙리 2세에
게 외교적 개입을 목적하였다.[84] 종교개혁의 지지자들
135명이 파리에서 투옥되었기 때문이다. 보름스에 있던
멜란히톤을 비롯한 개신교 신학자들은 그들에게 아욱
스부르크 신앙고백과 같은 의미를 갖는 하나의 신앙고

---

82 토마스 카우프만, 『종교개혁의 역사』(*Geschichte der Reformation*),
    황정욱 역, 서울: 길, 2017, 712.

83 카르멜에 대한 정보는 거의 없다.

84 엄밀하게 그들의 목적이 파리의 핍박 문제는 아니다. 사건은 9월 4
    일 혹은 5일 밤에 있었는데, 깔뱅이 베자에게 회의 참석을 권하는 편
    지는 9월 13일이었고, 그가 파리의 사건을 처음들은 것은 9월 14일이
    기 때문이다. 따라서 보름스 회의의 참석 여부는 사건과 직접적 연
    관성은 없다.

백을 요구하였다. 프랑스인들은 성찬에 있어서만 약간 벗어나는 견해를 고백했다.[85] 그리고 나서 신학자들은 같은 내용의 추천서신을 팔츠 선제후 오트하인리히와 뷔르템베르크 공작 크리스토프와 츠바이브뤼켄 궁중백작 볼프강(Pfalzgraf Wolfgang von Zweibrücken)과 헤센 지방백작 필립(Landgraf Philipp von Hessen)에게 보냈다.[86] 12월 1일 멜란히톤은 팔츠 선제후 오트하인리히와 작센 선제후 아우구스트(August von Sachsen)와 다른 제후들의 이름으로 프랑스 왕 앙리 2세에게 파리에서 투옥된 개신교도들을 위한 청원서를 보냈다.[87]

(2) 생 자크 거리 사건

1557년 9월 13일 깔뱅은 베자에게 서신을 쓰며 그에게 부데와 함께 9월 11일에 시작된 보름스 종교대화에 참석하기를 권했다. 아마도 프랑스 피난민 교회들을 돕기 위한 목적이었을 것이다. 같은 주제가 9월 14일 파렐

---

85   MBW 8388; CR 9, 334-336 Nr. 6375; CO 16, 662f Nr. 2737. 멜란 히톤은 프랑스 개신교의 상황을 설명하고, 그들의 신앙고백이 아욱스부르크 신앙고백과 성찬부분에서도 일치한다고 설명하는 부분은 인상적이다.

86   MBW 8389, 8390, 8391. 내용은 MBW 8388과 같다.

87   MBW 8443; CR 9, 383-385 Nr. 6413.

에게 보내는 깔뱅의 편지에서도 발견된다. 깔뱅이 9월 14일 파리의 생 자크 거리(Rue de St. Jacques)의 사건에 대해 처음으로 들었기 때문에, 이 사건은 대표들의 참여 결정과는 상관없었다. 깔뱅이 파리의 새로운 핍박에 대한 보고를 받고 나서, 그는 베자와 부데에게 편지를 보내어 그들로 그 소식을 알게 했다. 그렇게 이제 생 자크 거리의 사건은 보름스에서 프랑스 개혁파 교회의 네 명의 대표자들이 등장하는 실제적인 동기가 되었다.

사건은 다음과 같다. 1557년 9월 4일 혹은 5일 밤 바르토미에(Barthomier)의 집에서 예배 모임이 열렸다. 그 집은 소르본(Sorbonne)과 플레시 대학(Collège du Plessis)의 바로 옆집이었다. 이 대학의 사제가 그 모임을 발견했고, 그 지역에 거주하는 주민들을 선동하였다. 그리고 유아살해 의식과 문란함 같은 죄목으로 그들을 고발했다. 이에 흥분한 사람들은 돌이나 무기를 들고 바르토미에의 집에 쳐들어갔다. 그곳에는 약 400-500명의 사람들이 있었고, 그들 중에는 고위 귀족들의 아내들과 자녀들도 있었다. 그러나 그들도 성난 무리에게서 보호되지 못했다. 사로잡힌 약 135명의 사람들은 르 샤뜰레(Le Châtelet) 감옥에 투옥되었는데, 그들을 가두기 위해 살인자들과 도둑들은 풀려났다.

파리 공동체의 대표자는 낙담하여 깔뱅에게 소식을

전했다. 깔뱅은 9월 16일 파리 교회에 서신을 써서 그들을 위로해주려고 했다. 이후 깔뱅은 신앙고백의 형식으로 앙리 2세에게 편지를 썼다. 그 편지에서 그는 프랑스의 개혁파 공동체, 특히 파리의 공동체의 신앙을 서술하였다.

르 샤뜰레에 투옥된 사람들을 위한 첫 번째 개입 시도는 파렐, 베자, 부데, 카르멜로부터 발생하였다. 9월 27일 보름스 종교대화를 향하는 길에 바젤에 있었다. 그곳에서 베른 시에 편지를 하나 썼고, 파리의 투옥된 사람들의 석방을 돕기 위해 요청하였다. 그러나 이에 따른 스위스의 외교적 노력들은 성과가 없었다.[88]

보름스 종교대화 도중 10월 2일 예나 측 신학자들은 회의장을 떠났다. 이 공개적인 불일치를 통해 가톨릭 대표들은 개신교 내부의 문제를 명확하게 알게 되었다. 이 상황에서 파렐, 베자, 부데, 카르멜이 보름스에 들어갔다. 그들은 멜란히톤에게 다른 개신교 대표자들에게 권하여 앙리 2세에게 압력을 넣을 것을 부탁했다. 생 자크 거리 사건에 대한 보고는 전반적으로 당혹감을 남겼다. 회의 대표자들은 파리의 개신교 형제들을 위해 노력하고자 했지만, 멜란히톤은 프랑스 개신교 대표들에게 먼

---

88   Zillenbiller, "Bekenntnis der Pariser Gemeinde 1557", 368f.

저 짧은 신앙고백을 요구하였다. 그래서 그들은 신앙고백의 해설을 개신교 제후들에게 제출하고, 선한 양심에 기대어 도움을 얻고자 했다. 이 해설은 "파리 신앙고백"(Pariser Bekenntnis)라 명명되었고, 작성일자는 1557년 10월 8일로 지정되었다.[89]

프랑스 대표자들의 등장은 상당히 깊은 인상을 남겼고, 이로 인해 바로 당일 많은 서신들이 발생했다. 멜란히톤은 깔뱅에게 편지(교환서신 Nr. 28)를 쓰고, 대표자들에게 분명한 찬양과 존중을 표했다. 파울 에버(Paul Eber)는 비텐베르크의 부겐하겐에게 이 상황을 상세하게 보고한다. 함께 참석한 대표들이 자신을 스스로 소개하고, 파리 사건에 대한 정보들을 보고하였다. 그리고 신앙고백 제출을 위한 중단이 있었다. 그들의 교리는 개신교 모두와 일치하는 것으로 판단되었다. 그리고 회의 참석자들은 기도하였다. 비텐베르크의 신학자들은 네 명의 제후들에게 편지를 써서 프랑스 개신교들의 어려운 상황을 전달하고자 했다. 하지만 에버는 이 글이 어떤 영향을 끼칠 수 있을지 불확실하다고 정리한다.

에버가 언급하고 멜란히톤과 다른 개신교 신학자들에 의해 서명되어 10월 8일에 작성된 제후들에게 보내

---

89 Zillenbiller, "Bekenntnis der Pariser Gemeinde 1557", 370.

는 편지는 먼저 파리의 상황에 대해 보고하였고, 네 명의 대표들에 대해서도 보고했다. 다음으로 신앙고백의 전달이 언급되고, 평가되었고, 마지막으로 결국 받아들인 사람들은 함께 기도하면서 투옥된 사람들을 위해 프랑스 왕에게 노력하기로 하였다. 또한 네 명의 프랑스 대표자들은 10월 8일 네 명의 정치 지도자들에게 편지를 써서, 개인적으로 프랑스 왕에게 이 일에 대하여 조치를 취하여 주길 요청했다.[90]

멜란히톤은 10월 19일 작센의 아우구스트에게 보내는 편지를 썼을 때, 마지막 줄에 프랑스 결과에 대한 짧은 보고를 남겼다. 프랑스 대표들의 신앙고백과 함께 파리의 핍박 상황에 대한 그의 정보를 알렸다. 그리고 멜란히톤은 개신교 제후들의 이름으로 1557년 12월 1일 프랑스의 앙리 2세에게 편지를 썼다. "그러므로 우리는 존귀한 왕에게, 하나님으로 말미암아 사로잡힌 자들의 생명을 보존하여주기를 요청합니다."(*Quare reverenter oramus Regiam dignitatem vestram, ut propter Deum parcat vitae captivorum*)[91]

팔츠의 선제후 오트하인리히 또한 생 자크 거리의

---

90   Zillenbiller, "Bekenntnis der Pariser Gemeinde 1557", 371.

91   MBW 8443. CR 9, 383-385 Nr. 6413.

사건에 대해 보고를 받은 직후 투옥된 사람들을 위해 앙리 2세에게 서신을 보내는 노력을 하였다. 하지만 베른과 독일 대사들의 프랑스 왕궁에 대한 노력은 성과가 없었다. 사실 이 편지들은 보낸 사람들이 앙리 2세와 가졌던 친밀감 때문에 받아졌을 뿐이다. 그들에 대한 앙리 2세의 직접적인 대답은 없었다. 독일 제후들의 목적은 투옥된 사람들의 석방이었지만, 이는 이루어지지 못했다. 다만 핍박의 속도를 늦출 수는 있었다.[92]

9. 교환서신 Nr. 28, 1557년 10월 8일 멜란히톤이 깔뱅에게

1) 서신의 내용

보름스에 있던 멜란히톤은 1557년 10월 8일 깔뱅에게 답장을 쓴다.[93] 회담의 내용을 설명한다. 바이마르 신학자들은 스위스 사람들에 대한 반대를 분명하게 드러내고 떠났다. 물론 깔뱅이 보낸 사람들은 지지를 얻었지만, 그 성과는 의심스러운 상황이었다. 멜란히톤은 이런 상황을 예측했다. 그러나 연민이 있고, 기도한다고

---

92   Zillenbiller, "Bekenntnis der Pariser Gemeinde 1557", 372.

93   MBW 8384; CR 9, 328f Nr. 6372; CO 16, 659 Nr. 2735.

전한다.

2) 서신의 맥락

멜란히톤이 프랑스 대표들을 통해 보고받은 프랑스 상황은 매우 좋지 않았다. 1557년 9월 가톨릭 당국은 파리의 생 자크 거리에 있는 한 집에서 예배드리고 있는 수백 명의 개신교들을 찾아냈다. 많은 개신교인들이 체포되어 투옥되었다. 그 가운데 일부는 고문을 받고 처형되었다. 깔뱅은 파리 교회에 편지를 써서 교인들이 박해에 당당하게 맞설 것을 권면했다. 앙리 2세가 죽고, 완고한 가톨릭교도인 기즈 가문의 득세로 박해가 심해졌기 때문이다. 이런 심각한 상황에서 깔뱅은 다시 한 번 1559년 11월 프랑스 교회에 편지를 써서 위로와 확신의 메시지를 보냈다.[94]

멜란히톤은 프랑스 개신교인들의 위기 상황에서 그가 할 수 있는 최선의 조치들을 활용하고자 했다. 자신이 영향을 줄 수 있는 개신교 지도자들에게 서신을 썼고, 자신도 프랑스 왕에게 서신을 써서, 이 상황을 완화시키고, 궁극적으로 해결할 수 있기를 원했다. 그러나

---

94 『칼빈 핸드북』, 179.

정치적인 시도는 구체적인 반응을 이끌어내지는 못했
다. 결국 프랑스 개신교의 문제는 외부에서 관여할 수
있는 방법이 별로 없었다.

10. 보름스 종교대화의 진행과 결과

1) 멜란히톤과 프랑크푸르트의 피난민들

1557년 12월 보름스 종교대화 이후 멜란히톤은 프랑
크푸르트에 3일을 머물렀다. 멜란히톤은 피난민들의 사
정을 들었고, 목회자들이 프랑크푸르트 정부와 마찬가
지로 외국인들을 호의로 대하고, 그들이 추방되지 않도
록 요구하였다. 다만 그곳의 목회자들은 외국인들이 아
욱스부르크 신앙고백과 변증서와 비텐베르크 일치와
프랑크푸르트에 남아 있는 의식들을 따를 것을 요구한
다고 전했다. 멜란히톤은 이 외국인 공동체의 입장이 자
신과 일치하지만 성찬 교리에 있어 좀 더 설명이 필요
하다고 보았다. 그런데 이 부분을 베스트팔이 공격하고
있었던 것이다. 다행히 그곳의 목회자 하르트만 바이어
(Hartmann Beyer)는 베스트팔과 달리 온순한 성격이었다.
그는 프랑크푸르트의 성찬 교리를 설명하면서 멜란히
톤의 견해와 멜란히톤과 부쩌가 작성한 "쾰른 종교개

혁"이 일치한다고 설명하였다. 멜란히톤은 지속적으로 관용을 요청하였다. 그는 피난민들과 만나 이야기를 나누었고, 그들과 함께 교회회의를 열 것을 희망하였다. 그러나 1560년 멜란히톤이 사망한지 1년 후, 그들은 프랑크푸르트에서 결국 쫓겨나고 말았다. 바이어가 이 결과에 영향을 끼쳤다. 그들은 선제후령 팔츠 등으로 망명할 수밖에 없었다.[95]

2) 종교대화 이면에 있는 깔뱅의 노력들

깔뱅은 보름스 종교대화에 직접 참여하지는 않았지만, 스위스와 프랑스를 위한 긍정적 결과를 가져오기 위해 노력하였다. 1557년 깔뱅은 두 차례, 불링거 몰래 남부 독일에서 성찬 대화를 시도했다. 첫 번째는 1557년 봄, 독일 제후들의 개입이 필요한 일이 발생하였다. 이웃에 있는 왈도파에 대한 박해가 시작되었기 때문이다. 파렐과 베자는 박해 받는 사람들을 위해 베른의 허가를 받아 스위스와 독일 개신교 영주들을 방문하였다. 이들은 개신교 신자들을 연합시켜 프랑스 왕에게 호소하고

---

95   Scheible, *Melanchthon*, 293.

자 하였다.[96] 특히 그들은 스트라스부르크와 팔츠와 뷔르템베르크에 일치형식(*Confessio Goeppingiensis*)을 제안하였다. 이는 루터파 교리에 상당히 접근하는 시도로서, 그리스도의 '본질'(Substanz)은 성찬에서 믿음을 통하여 나누어진다고 한다. 이는 신자와 불신자에게 성례적으로, 즉 '실제 보이는 것의 모양으로'(*sub specie rerum visibilium*) 제공된다는 것이다. 하지만 분배의 '영적 방식'은 확고하다. 이 형식은 취리히의 설명 방식에서 이탈한 것이었고, 본질의 개념에 관한 논란을 불러 일으켰다. 그러나 베자는 이것이 개신교 내에서 문제될 수 없는 것이라고 취리히를 설득하였다.

두 번째로, 1557년 9월 베자와 파렐은 다시 독일로 여행을 떠나야 했다. 이는 프랑스 신앙의 피난민들과 파리의 핍박받는 위그노들을 위한 목적이었다. 그들이 도착한 때는 보름스 종교대화의 후반기 10월 초로, 예나의 순수 루터파 신학자들이 보름스를 떠난 직후로, 온건한 신학자들이 남아있던 때였다. 그들은 멜란히톤, 브렌츠 등의 신학자들과 함께 대화를 할 수 있었다. 그리고 "파리 신앙고백"이 제출되었다. 그들의 목적은 성찬과 관련된 10항을 제외한 아욱스부르크 신앙고백을 인정

---

96   필립 샤프, 『교회사전집 8, 스위스 종교개혁』 박경수 역, 고양: 크리스챤 다이제스트, 2004, 730.

받는 것이었다. 다른 교리에 대한 정통성을 인정하면서도 성찬에서는 그리스도의 영적 현재를 가르쳐서 지속적인 성찬 대화가 가능하도록 했다. 이 고백 자체는 그 이름과 같이 파리의 신앙고백이었지만, 취리히에서는 당연히 못마땅한 것으로 여겨졌다. 취리히를 배제한 깔뱅과 개혁파 신학자들의 중재적 대화의 길이 열리는 것처럼 보였다. 그러나 보름스 종교대화는 성과없이 끝이 났다. 이제 분열의 정도는 이전보다 깊어지게 되었다.[97]

깔뱅은 이와같이 프랑스 개신교도들의 안전과 신앙을 위해 여러 정치 세력들을 설득하는데 최선을 다했다. 이를 위해 기존의 고백이 오해가 된다면, 이를 새로운 용어와 표현방식을 사용하여 그들로 이해할 수 있도록 하려는 노력을 아끼지 않았다. 깔뱅의 이런 노력은 멜란히톤의 활동과 동일한 것이었다.

11. 교환서신 Nr. 29, 1558년 11월 19일 깔뱅이 멜란히톤에게

1) 서신의 내용

다시 1년이 지나 깔뱅은 1558년 11월 19일 멜란히톤

---

97   Wilhelm Neuser, "Von Zwingli und Calvin bis zur Synode von Westminster", 281.

에게 자신의 소식을 전하는 편지를 쓴다.[98] 깔뱅은 자신의 심각한 질병과 치료에 대해 전한다. 그리고 이어 제네바가 스페인 왕 필립과 프랑스 왕 앙리 2세로부터 받은 큰 위협을 전한다. 이 위협은 멜란히톤이 그의 배은망덕한 학생들에 의해 겪은 것보다 더 크다고 보았다. 깔뱅도 제네바에서 여전히 공격을 받았다. 멀리 있는 사람으로는 베스트팔과 그의 동료들에게서 공격을 받았다. 멜란히톤도 성찬 문제에서 비판을 받았다. 깔뱅은 둘의 깰 수 없는 우정을 이야기한다. 다만 위베르 랑귀에가 깔뱅의 교리에 대한 멜란히톤의 반대하는 진술을 카스텔리오의 마음에 들도록 퍼트리고 다닌다는 사실에 마음이 아프다고 전한다. 자신의 동료들의 안부를 전하고, 카스파르 포이커와 파울 에버에 대한 높은 평가를 전한다.

2) 서신의 맥락

깔뱅이 전하는 분위기는 어둡다. 먼저 자신은 질병으로 고생하고 있고, 제네바는 큰 정치적 위기 가운데 있다. 멜란히톤의 어려움도 듣고 있는데, 깔뱅도 안으로

---

98   MBW 8782; CO 17, 384-386 Nr. 2985 (교환서신 Nr, 29).

는 제네바에서, 밖에서는 베스트팔 등의 공격에 시달리고 있다고 고백한다. 이런 것은 멜란히톤이 받는 공격과 비슷한 것이다. 결국 깔뱅은 멜란히톤과 자신의 상황이 유사하다고 말하는 것이다. 깔뱅은 멜란히톤과 자신의 깊은 유대 관계를 강조하고 있다. 다만 멜란히톤이 자신을 반대한다고 주장하는 사람들로 인해 마음이 상해 있었다. 여기에는 깔뱅의 대적인 카스텔리오에게 유리한 주장을 펼치는 랑귀에가 있었다.

랑귀에는 유럽 여러 대학을 거쳐 비텐베르크에서 학업을 이어간 프랑스 출신의 난민이다. 그는 비텐베르크에서 멜란히톤의 집에 머물기도 했고, 멜란히톤의 추천으로 작센 선제후의 외교관으로 오랫동안 활동하였다. 멜란히톤의 편에서 순수 루터파의 비난을 고통스러워했고, 여러 회의에 참석하여 아 라스코를 비롯한 개혁파 주요 인물들과 논의하면서 친분을 나눈 인물이다.[99] 그는 자신의 모국 프랑스의 피난민들을 위해서도 역동적으로 활동하였다. 1560년 4월 8일 프랑크푸르트에서 멜란히톤에게 보내는 편지의 마지막에, 위험에도 불구하고 프랑스로 간다고 전하는 그의 글은 의미심장하다.[100]

---

99 랑귀에가 멜란히톤에게 보낸 서신들을 보면 이런 내용을 잘 알 수 있다. MBW 7959, 8121, 8216, 8248, 8456, 9292.

100 MBW 9292

이 편지를 멜란히톤은 읽지 못했을 것이다. 멜란히톤은 4월 19일에 사망했기 때문이다. 랑귀에는 프랑스 피난민, 즉 위그노들의 인정을 위해 1562년 프랑크푸르트 제국회의에서 활동하였지만, 결과는 실패했다. 1561년 5월 프랑스로 가서 독일 제후들과 프랑스 개신교를 연결하려 시도했고, 종교대화에 참여하였다.

세바스티안 카스텔리오(Sebastian Castellio, 1515-1563)는 프랑스 인문주의자요, 철학자요, 신학자이다. 그는 깔뱅의 예정 교리와 의지 자유에 대한 견해를 반대하였다. 특히 세르베트의 처형을 가지고 깔뱅을 크게 비판하였다. 정부가 사람의 믿음을 판단할 권리를 가지고 있지 않고, 참된 교회는 교리의 고백이 아니라, 사랑을 베풂으로 인정받는 것이라고 주장하였다. 교리의 차이로 이단을 규정하고, 그에 대해 가혹하게 처벌한다는 면에서 이단 재판소를 운영하는 가톨릭이나 세르베트를 처형하도록 한 깔뱅이나 다를 바 없다고 주장하였다. 결국 종교적 관용에 대해 주장한 것이었다.[101]

깔뱅은 랑귀에가 자신과 멜란히톤 사이에 분열을 조장하여 카스텔리오를 따르는 사람들의 입맛에 맞도록 여론을 조장하고 있다고 편지에서 언급한다. 랑귀에가

101　『칼빈 핸드북』, 330f.

프랑스 사람이며, 프랑스 피난민 교회를 위해 수고를 한다는 점에서, 그리고 동시에 그가 멜란히톤을 따른다는 점에서 깔뱅은 그의 발언에 크게 관심이 있었을 것이다. 그런데 랑귀에는 1557년 보름스 종교대화 이후 분명해진 루터파와 개혁파의 구분에 있어 멜란히톤에 대한 개혁파의 비판을 부정적으로 느꼈던 것으로 보인다. 그래서 멜란히톤을 방어하고자 그를 비판하는 예정과 의지에 대한 기존의 견해에 대해 좀 더 멜란히톤의 편에서 주장한 것으로 추측된다. 그렇다면 비판의 방향은 깔뱅을 향한 것이었고, 카스텔리오의 편에서 볼 때, 랑귀에의 주장은 그들에게 도움이 되었을 것이다.[102]

한편 깔뱅은 멜란히톤에 대한 근래의 비판이 그의 제자들의 배은망덕 때문이라고 표현하고 있다. 이전에는 멜란히톤의 입장에 대한 이해가 부족한 상태였지만, 이제 10년 정도 지나고 보니, 그런 것이 아니었음을 어느 정도 이해한 것이다. 자신도 주변의 허망한 공격을 받는 것을 보고, 멜란히톤에 대한 공격이 어떤 의미였는가를 알게 되었다. 멜란히톤에 대한 신뢰를 다시금 고백한다. 분위기는 거의 유언과 같았다. 이 편지는 깔뱅과 멜란히톤 사이의 마지막 교환이 되었다. 멜란히톤은

---

102   랑귀에에 대하여 깔뱅이 언급한 것에 대해서는 추가적 연구가 필요하다.

1560년 4월 19일 사망한다. 그리고 깔뱅은 4년 후 사망
한다.

VI. 결론

　멜란히톤은 종교개혁 1세대의 대표적 인물이고, 깔뱅은 종교개혁 2세대의 대표적 인물이다. 둘의 관계의 시작은 아무래도 일방적일 수밖에 없었다. 깔뱅이 묻고, 멜란히톤이 대답하는 관계였다. 멜란히톤은 깔뱅을 알아가고, 깔뱅은 멜란히톤의 신뢰를 얻고자 했다. 시간이 흐르면서 멜란히톤은 깔뱅을 지도자로 인식하고, 둘 사이에 본격적인 신학적 서신이 오가고, 개인적인 사정도 언급되며 친분이 더해진다. 더하여 각 지역과 진영의 지도자로서 서로를 설득하고, 신뢰시키기 위해 노력하였다. 특히 신학적 견해를 묻고 답하는 과정에서 그들의 신중함과 진지함을 볼 수 있고, 그 결과 서로의 동일성을 발견해나가는 모습을 보게 된다. 그럼에도 불구하고 그들의 사정은 종교적 정치적 배경과 긴밀한 연관되어 서로를 향한 이해의 한계를 보일 수밖에 없었다.

　멜란히톤은 비텐베르크의 개혁자로서, 루터파 진영에 속한 사람이지만, 그의 신학과 활동은 개혁파를 포함한 전체 개신교를 포괄하는 범위를 가졌다. 그래서 루터파는 그 나름의 불만과 의혹을 멜란히톤에게 분출하였고, 개혁파도 어느 정도 중재적 입장에 있는 멜란히톤에게 불만족할 수밖에 없었다. 반대로 개혁파는 전체 개신교에 요구하는 사항의 전달 통로로 멜란히톤을 사용하였다. 다른 루터파의 경우 개혁파에 대하여 직접적인 비판을 가하는 경우가 일반이었다. 이에 반하여 개혁파는 일치에 대한 필요성이 있었기 때문에 그들을 설득하려는 시도를 하였고, 여기에 연결되는 끈이 멜란히톤이었다.

한편 깔뱅도 멜란히톤과 같은 중재적 역할을 해야 하는 상황이었다. 제네바의 정치적 종교적 상황으로 인해, 루터파와 취리히와 종교적 협상이 필요했고, 그는 상황에 따라 적절한 타협을 시도했다. 루터파와 협상과 타협의 상대는 루터가 아니라 멜란히톤이었던 점은 당연하다.

멜란히톤과 깔뱅이 역할을 가졌던 교회 일치를 위한 노력은 바깥으로는 로마 가톨릭을 향하여, 참 교회인 개신교회로 돌아올 것을 권하는 것이었고, 안으로는 개신교의 일치를 위해 노력하였다. 루터파 내의 일치, 개혁파와 일치였다. 이 일치는 재세례파나 반삼위일체 교리, 신비주의 종파를 포함하는 것이 아니라, 아욱스부르크 신앙고백이란 기초에서 전반적인 개신교 교리의 통일성을 인정하는 범위의 제한 내에서 일치를 의미했다. 이런 노력들은 종교 정치적 배경과 긴밀한 연관이 있다. 비텐베르크 일치, 취리히 일치, 보름스 종교대화에 제출된 개신교 신앙고백 문서들, 핍박 가운데 있는 프랑스 교회를 위한 노력들은 그들의 통일된 신앙을 드러내고 개신교회를 함께 지키고자 했던 모습을 보여준다. 일부 강경한 사람들이 종파적 선명성을 드러내어 상대를 정죄하고 배제하려고 했지만, 멜란히톤과 깔뱅은 신앙의 형식적이며 부차적인 표현과 관련된 차이는 인정하고, 오히려 서로를 용납할 수 있는 방안을 찾으려 노력했다. 물론 그 과정에서 신학적 논쟁은 치열했지만, 그것이 서로에 대한 이단 선언으로 나아가지는 않았다. 대화를 하는 이유는 근본적인 일치에 대한 신뢰가 있었기 때문이다. 그러므로 그들의 노력은 신앙의 위기를 함께 극복하고자 하는 개신교 내부의 주요한 일치를 보여준다. 물론 이와 상반되게 행동하는 순수 루터파의 경우 신학적 논쟁에 과도하게 열중하여, 상대의 견해를 이단적이라고 치부하는 경향이 있었고, 그 결과 그들은 일치보다는 개신교 내부의 분쟁을 야기할 뿐이었다.

두 위대한 종교개혁자들의 서신 교환을 통해 알 수 있는 종교개혁 신학에 대한 내용을 정리하면, 먼저 성만찬은 로마 가톨릭을 향한 주제이지, 개신교 내에서 서로를 잘라내는 핵심적 내용이 아니라는 사실이다. 성만찬의 세부적 교리는 종교개혁 신학에서 부수적인 주제임에도 여러 종교적 정치적 상황으로 인해 부각되었지만, 그렇다고 그것을 신학적 분기점으로 다루는 것은 균형을 잃은 것이다. 루터파가 개혁파를 배제하려는 시도에 대하여 멜란히톤과 깔뱅은 둘의 차이점이 본질적인 것이 아니라는 점은 공통된 견해이다. 오히려 중요한 것은 칭의를 비롯한 구원론과 삼위일체의 문제였다. 종교개혁 신학은 인문주의를 바탕으로 발흥하는 반삼위일체 교리에 대하여 집중해야하고, 또한 구원의 원인을 사람 내에서 찾으려는 잘못된 구원론적 오해들에 대하여 명확한 진단과 답을 제시하려 노력해야 한다. 현대 신학이 성경의 권위를 인정하지 않고, 잘못된 삼위일체 교리가 전하며, 또한 잘못된 구원론으로 교회를 미혹하는 상황에서, 우리는 멜란히톤과 깔뱅의 종교개혁 핵심 신학을 다시 고려할 필요가 있다. 그들의 논제는 우리에게 아직도 유효하다.

멜란히톤과 깔뱅의 활동은 또한 종교개혁 신학이 핍박이라는 교회의 위기에 함께 기도하며, 적절한 조치를 취하기 위해 하나가 되어야 함을 보여준다. 그들은 교회의 위기 순간에 개신교 핵심 신학의 일치를 확인하며, 그 가운데 존재하는 통일성으로 교회를 견고히 세우고, 핍박받는 교회를 돕고자 목적하였다. 이를 위해 많은 사람들이 동의할 수 있는 신학적 표현을 찾고, 설득하는 일에 최선을 다한 것은 그들의 위대한 공통점이다. 특히 1557년 보름스 종교대화에서 그들의 공동의 결과물을 찾을 수 있다. 보름스 종교대화의 개신교 대표들은 핍박받는 위그노들을 자신들과 함께 한 교회로 인정하고, 그들의 고난을 자신의 것으로 보고, 아파하며, 정치적 방안을 포함하여 그들을 돕고자 최선을 다했다. 비록 그 결과는 긍정적이지 않았지만, 교회를 위한 그들의 정신은 여전히 유효하다.

참고문헌

류성민, "츠빙글리와 멜란흐톤, 마르부르크 회의의 양자회담을 중심으로",「갱신과 부흥」24 (2019), 55-84.

조병수,『위그노, 그들은 어떻게 신앙을 지켰는가?』, 합신 포켓북 시리즈 06, 수원: 합동신학대학원출판부, 2018.

Augustijn, C., "Melanchthons Briefwechsel", *NAKG* 72.2 (1992), 195-212.

Brecht, Martin, *Martin Luther B. 3. Die Erhaltung der Kirche 1532-1546*, Stuttgart: Calwer Verlag, 1987.

Calvin, Johannes, *Ioannis Calvini Opera Quae Supersunt Omnia*, Guilielmus Baum, Eduardus Cunitz / Eduardus Reuss (eds.), Brunsvigae: Schwetschke, 1863-1900 (= CO).

-, *Institutio christianae religionis, in libros quatuor nunc primum digesta, certisque distincta capitibus, ad aptissimam methodum: aucta etiam tam magna accessione ut propemodum opus novum haberi possit*, Genevae: Robert I. Estienne, 1559 (= Institutio).

Dingel, Irene, *Reformation. Zentren – Akteure – Ereignisse*, Göttingen: Vandenhoeck Ruprecht, 2016.

Jung, Martin,『멜란히톤과 그의 시대』(*Philipp Melanchthon und seine Zeit*), 이미선 역, 서울: 홍성사, 2013.

Kaufmann, Thomas,『종교개혁의 역사』(*Geschichte der Reformation*), 황정욱 역, 서울: 길, 2017.

Luther, Martin, *D. Martin Luthers Werke: Kritische Gesammtausgabe, Abt. Briefe*, Weimar: Bohlau, 1883f. (= WAB).

Mahlmann, Theodor, "Melanchthon als Vorläufer des Wittenberger Kryptocalvinismus", in Günter Frank / Herman J. Selderhuis (eds.), *Melanchthon und der Calvinismus*, Melanchthon-Schriften der Stadt Bretten 9, Stuttgart-Bad Cannstatt: Frommann-Holzboog, 2005, 173-230.

Melanchthon, Philipp, *Melanchthons Breifwechsel. Kritische und kommentierte Gesamtausgabe*, Heinz Scheible u.a. (eds.), Stuttgart-Bad Cannstatt, 1977ff. (= MBW).

-, *Melanchthons Werke in Auswahl*, Robert Stupperich (eds.), Gütersloh: Gütersloher Verlagshaus Gerd Mohn, 1951f. (= MSA).

-, *Corpus Reformatorum: Philippi Melanthoins opera quae supersunt omnia*, Karl Bretschneider / Heinrich Bindseil (eds.), 28 vols., Halle: A. Schwetschke & Sons, 1834-1860 (= CR).

Neuser, Wilhelm, "Von Zwingli und Calvin bis zur Synode von Westminster", in Carl Andresen u.a. (eds.), *Handbuch der Dogmen- und Theologiegeschichte Bd. 2*, 2nd Edition, Göttingen: Vandenhoeck Ruprecht, 1998, 165-352.

Kuropka, Nicole, *Philipp Melanchthon: Wissenschaft und Gesellschaft. Ein Gelehrter im Dienst der Kirche (1526-1532)*, Spätmittelalter und Reformation Neue Reihe 21, Tübingen: Mohr Siebeck, 2002.

Scheible, Heinz, *Melanchthon: Vermittler der Reformation. Eine Biographie*, 2nd Edition, München: Beck, 2016.

Sammons, Peter, *Reprobation: from Augustine to the Synod of Dort. The Historical Development of the Reformed Doctrine of Reprobation*. Reformed Historical Theology 63, Göttingen: Vandenhoeck Ruprecht, 2020.

Schaff, Philip, 『교회사전집 8: 스위스 종교개혁』, 박경수 역, 고양: 크리스챤 다이제스트, 2004.

Selderhuis, Herman J. (편집), 『칼빈 핸드북』 (*The Calvin Handbook*), 서울: 부흥과 개혁사, 2013.

Wengert, Timothy J., "'We Will Feast Together in Heaven Forever': The Epistolary Friendship of John Calvin and Philip Melanchthon", in Karin Maag (ed.), *Melanchthon in Europe: His Work and Influence Beyond Wittenberg*, Grand Rapids: Baker Academic, 1999, 19-44.

Zillenbiller, Anette, "47. Bekenntnis der Pariser Gemeinde 1557 (mit Abendmahlserklärung)", in *Reformierte Bekenntnisschriften. Band 1/3 1550-1558*, Neukirchen-Vluyn: Neukirchener, 2007, 365-373.